W0234347

Mario Giordano

Drei vom Zirkus
I tre del circo

Ein Abenteuer in Deutsch und Italienisch

Italienisch von   Durchgesehen von
Paola Niccolaioni   Maria Gazzetti

Bilder von Heinz Spohr

Rowohlt

rororo rotfuchs
Herausgegeben von Ute Blaich und Renate Boldt

Originalausgabe
Veröffentlicht im Rowohlt Taschenbuch Verlag GmbH,
Reinbek bei Hamburg, Mai 1995
Copyright © 1995 by Rowohlt Taschenbuch Verlag GmbH,
Reinbek bei Hamburg
Redaktion Ute Blaich
Umschlaggestaltung Nina Rothfos
Umschlagillustration Heinz Spohr
rotfuchs-comic Jan P. Schniebel
Satz Stempel Garamond PostScript, QuarkXPress 3.31
Gesamtherstellung Clausen & Bosse, Leck
Printed in Germany
1090-ISBN 3 499 20786 9

Ich danke herzlich Christoph Promberger von der Wildbiologischen Gesellschaft München für seine freundliche Unterstützung. Ich habe sehr viel über Wölfe und Raben erfahren, viel mehr, als ich in diesem Buch erzählen konnte.

Ein Dank gilt auch Sylvia Brandis, die mir einiges über ihre beiden Wollschweine erzählt hat. Wieviel sie über Schweine weiß, wird man bald in ihrem Sachbuch über diese interessanten Tiere lesen können.

Inhalt

Aischa

Die Tiere waren sehr unruhig. Vor ihren Gittern veränderte sich die Welt. Erregt liefen, scharrten und flatterten sie in den Käfigen. Der Himmel war klar, und von Süden wehte ein warmer Wind über die Berge hinab ins Tal, wo das große Zelt stand. Er vertrieb den letzten Schnee, bog die müden Gräser darunter wieder aufrecht und brachte einen neuen Geruch. Nach trockenem Stein, wilden Blumen und ein bißchen nach Meer. Es war der Geruch von Freiheit.

Aischa sog ihn gierig ein. Ganz steif stand sie da. Ihr Nackenfell sträubte sich leicht mit jedem Windzug, der sie streifte. Der Wind streichelte ihre Nase, lief ein wenig davon und eilte zu ihr zurück. Er zerwühlte das muffige Sägemehl und versuchte, sie durchs Gitter zu zerren, nach draußen, wo man laufen konnte. Aischa stellte sich vor, wie sie laufen würde. Laufen! Jagen! Alles Glück lag in dieser Vorstellung.

Aischa hätte jetzt ein schöner und stolzer Anblick sein können: eine ausgewachsene Wölfin, die Witterung aufnimmt. Tatsächlich aber sah sie erbärmlich aus. Ihr graues Fell war stumpf und filzig, an manchen Stellen abgescheuert und wund. Ihre Läufe waren dünn, der linke

Hinterlauf zitterte leicht. Dreck verklebte ihre Rute, sie stank und war so mager, daß man Angst haben mußte, ihre Rippen könnten sich aus dem Fell drücken. Ein großes Unglück war über sie gekommen. Das Unglück hieß Carlo Bondi.

Ludwig

In der Mitte der Manege stand ein kleines, brennendes Haus. Auf dem Dach des Hauses hockte ein Äffchen und schrie in Todesangst. Ein braunscheckiges Wollschwein lief in die Manege. Auf seinem Kopf hatte man ein rotes Blinklicht festgebunden.

«Hopp, du Miststück, oder ich mach dir Beine!»

Die Stimme des Ungeheuers. Oh, wie gut kannte Ludwig diese Stimme! Obwohl er den Sinn der Worte nicht verstand, wußte er genau, was das Ungeheuer von ihm verlangte.

Für Ludwig war die Welt ein wirres, wirbelndes Gemenge aus guten und schlechten Dingen. Er fand sich in ihr nur zurecht mit diesem besonderen Gespür, das Wollschweinen zu eigen ist. Dieser sehr zuverlässige Sinn teilte die Welt in Gut und Schlecht. Alles, was man fressen konnte, zum Beispiel, war gut. Das Feuer dagegen eindeutig schlecht. Um keinen Preis würde er zum Feuer laufen.

Die Peitsche knallte scharf über seinen Ohren. Ludwig quiekte laut. Sein Herz raste wie verrückt.

«Los, beweg dich!» schrie Bondi. «Hol den verdammten Affen!»

Ludwig war halb verrückt vor Angst. Hier lauerte das Feuer, dort das Ungeheuer. Seine Peitsche schnalzte böse durch die Luft. Ludwig hielt die Angst nicht mehr aus und floh aus der Manege. Das war ein Fehler.

Blitzschnell war das Ungeheuer über ihm und schlug auf ihn ein.

«Zum Haus sollst du!» brüllte Bondi und verdrosch das Wollschwein mit dem ledernen Peitschengriff. «Und wenn ich's reinprügeln muß!»

«Vater, nicht!» Ein blasser, aber kräftiger, durchtrainierter Junge stürzte in die Manege, drehte das Gas ab, und das Haus hörte auf zu brennen. Das Äffchen sprang auf den Boden, schoß auf den Jungen zu und klammerte sich an ihn. Der Junge fiel Bondi in den Arm, der gerade wieder auf das Schwein eindreschen wollte.

«Tonio, zum Teufel, verschwinde!» Bondi versuchte den Jungen von seinem Arm abzuschütteln. Aber Tonio war kräftig, ließ nicht locker. Erst mit einem kräftigen Schwung gelang es dem Dompteur, den Jungen so weit von sich zu schleudern, daß er hart auf den Grasboden der Manege stürzte. Er rollte sich geschickt ab und stand sofort wieder auf.

«Mach hier kein Theater!» sagte Bondi. «Ich probiere die neue Nummer. ‹Schweinefeuerwehr›. Zum Totlachen komisch, aber das blöde Schwein will nicht kapieren!»

«Kein Wunder! Feuer und Schläge!»

«Quatsch mir nicht in die Arbeit, hörst du?» herrschte Bondi seinen Sohn an. «Was hast du überhaupt hier zu suchen? Sind die Käfige schon sauber?»

«Ein Mann aus dem Dorf will dich sprechen.»

«Was für ein Mann?»

«Weiß nicht.»

«Und warum kümmert sich Meise nicht darum?»

«Er sagt, du sollst mit dem Mann sprechen.»

«Meise stinkt vor Faulheit!» Fluchend stapfte Bondi aus der Manege. «Kümmere dich um das Schwein und den Affen!»

Tonio

Tonio führte Ludwig aus dem Zelt. Jojo turnte auf seinen Schultern und schnatterte erleichtert. Tonio atmete die milde Aprilluft. Herrlich! Seltsam, aus irgendeinem Grund freute er sich. Er war aufgeregt. Warum? Es kribbelte in der Nase, es roch nach Veränderung und Abenteuer. Tonio spürte die Unruhe der Tiere. Etwas wird passieren, dachte er.

Tonio. Acht Jahre. Hellblond rahmten die Haare das

blasse Gesicht mit den meergrünen Augen. Er lächelte selten, sprach wenig, nur wenn er mit den Tieren allein war, hörte man ihn lachen.

Sein Schritt federte leicht, er fühlte die Kraft und Spannung seiner Beine, die vom Laufen und Schwimmen lang geworden waren. Er konnte ewig schwimmen, unendlich lange laufen, sprang in den Himmel aus dem Stand und schlug einen zweifachen Salto. Seine Bewegungen waren ruhig und weich, er tanzte mehr, als er ging. Alles an ihm war voller Kraft, der ideale Akrobat.

Tonio blickte sich um. Ein paar Arbeiter hielten Brotzeit und nickten ihm zu. Zwei von ihnen übten eine Jongliernummer. Hinter dem Wohnwagen riß Hiro, der Elefant, an seinen Ketten, stampfte auf der Stelle, schnaufte und trompetete. Auch er spürte es.

Tonio entließ Ludwig in den Pferch zu den Lamas und Eseln. Die Lamas und Esel traten nicht auf. Sie bildeten eine Art Streichelzoo zwischen den Vorstellungen. Gegen ein kleines Eintrittsgeld durfte jeder, der wollte, die Tiere berühren. Jeden Tag von unzähligen, fremden Händen gestreichelt, betatscht und beklopft zu werden – Tonio stellte sich das schrecklich vor.

So war das Leben der Tiere im Zirkus Malinka: die einen wurden vom Vater geschlagen, die anderen von Fremden wundgestreichelt. Futter gab es seit Tagen nicht mehr, nur Reste. Und kein Entrinnen. Nicht für die Tiere und nicht für Tonio.

Seine frohe Stimmung verflog. Er holte den Sack mit Möhren, den er einem Bauern im Dorf gestohlen hatte, gab Jojo eine Möhre und kippte den Rest in den Pferch. Tonio hatte kein schlechtes Gewissen. Schließlich ging es ums Überleben.

Kolja

«Krrrrrock!» Kolja meldete sich von einem Zeltpflock.

«Keine Angst, ich hab dich nicht vergessen!» rief Tonio. Der Rabe achtete genau darauf, daß er nicht zu kurz kam. Jetzt schlug er aufgeregt mit den großen, schlanken Flügeln.

Kolja war das einzige Tier, das nicht eingesperrt wurde. Für Tonio das schönste überhaupt, und er beneidete ihn um seine Flugkünste. Hielt den Atem an, wenn Kolja steil in den Himmel aufstieg, enge Schleifen drehte, ganz plötzlich dann die Flügel anlegte, herabstieß, sich auf den Rücken drehte und mit einem Flügelschlag den Sturz gleich wieder abfing. Wie oft wünschte Tonio sich, an Koljas Seite über das Land zu fliegen. Weg! Wenn man wegfliegen kann, ist es leicht zu bleiben, dachte er.

Groß war der Rabe. Seine Flügelspanne maß zwei Armlängen von Tonio. Als junger Rabe hatte er sich dem Zirkus angeschlossen und war ihm überallhin gefolgt. Er war frei. Er kam und flog, wie er wollte.

Tonios Vater schimpfte Kolja einen «gefiederten

Schmarotzer». Er hätte ihn auf der Stelle erschossen, wenn er nur etwas von Raben verstanden hätte. Wenn er gewußt hätte, daß der Rabe nicht den Zirkus begleitete, sondern den Wolf.

Kolja folgte einem inneren Ruf, der ihm befahl, bei dem Wolf zu bleiben. Die Erinnerung aller Raben, die je gelebt hatten, sprach zu ihm. Der Ruf war so stark, daß er sogar die Gesellschaft anderer Raben dafür aufgab.

Unter Koljas scharfen Blicken holte Tonio jetzt ein Stück Speck aus seiner Hosentasche und hielt es dem Raben hin. Kolja pickte Tonio die Leckerei blitzschnell aus der Hand und war mit einem Flügelschlag wieder in der Luft.

«Mahlzeit!» rief ihm Tonio nach. «Anständige Leute sagen Danke!» Jojo schnatterte zustimmend.

«Das gilt auch für dich, kleines Großmaul!» belehrte ihn der Junge.

Allein

Aischa lief im Käfig auf und ab. Eine unvermittelt erwachte Sehnsucht trieb sie um. Der warme Wind hatte Erinnerungen in ihr geweckt, die sie nie erlebt hatte. Woher auch? Sie kannte nichts anderes als das Zelt und den Käfig. Warum erinnerte sie sich gerade jetzt an weite, grasig duftende Ebenen? Warum roch sie plötzlich andere Wölfe? Woher kam die flammende Lust zu jagen, ein Wild zu hetzen und mit einem einzigen Biß zu erlegen? Und warum fühlte sie sich plötzlich so grausam allein wie der letzte Wolf auf dieser Welt?

Übermächtig stieg etwas in ihr auf. Ihr geschwächter, wunder Körper spannte sich, sie warf den Kopf nach hinten, sperrte ihren Fang auf – und heulte! Ihr ganzes Leid lag in diesem Heulen. Ihre Sehnsucht, ihre Leidenschaft und die unermeßliche Einsamkeit, die sie nicht mehr ertragen konnte. Ihr Heulen hieß: «Hier bin ich! Wenn es noch einen Wolf gibt auf der Welt, dann komm! Komm und hol mich!»

Der Magier

Tonio stand vor dem Gitter.

«Was hast du nur, mein Silberstern?» fragte Tonio.

«Ruf des Blutes», sagte eine vertraute Stimme.

Fantoccini. So war es immer. Plötzlich stand er hinter einem. Groß, dünn, mit riesigen Händen. Man bemerkte ihn nie.

Giuseppe Fantoccini! Der Zauberer! Der Magier! Eins, zwei, drei, was darf es sein? Fantoccini erfüllt deine Wünsche! Einen Ausflug zum Jupiter? – Nichts leichter als das! Eins, zwei, drei rast du in einer silbernen Rakete auf einem Feuerstrahl durchs All! Einen großen grün-blaulilaroten Glitzerfisch? Eins, zwei, drei, dreh dich um, häng dich an seine Flosse und laß dir von ihm vorsingen! Das war Fantoccini! Tonios einziger Freund.

«Sie muß weg hier», sagte Fantoccini. «Ein Wolf muß jagen und ein Rudel gründen.»

«Vater wird sie nicht fortlassen! Niemals.»

«Ich weiß», seufzte Fantoccini. «Ich weiß.»

«Und was wird mit ihr, wenn sie hierbleiben muß?»

«Sie wird sterben», sagte Fantoccini. «Vor Hunger und vor Einsamkeit.»

Das Ungeheuer

«Ich weiß genau, was ich tue!» Bondi kam nah an seinen Gast heran. «Jahrelange Erfahrung, verstehen Sie?»

Der Gast rutschte ungemütlich auf seinem Stuhl herum. Diese Enge hier im Wohnwagen. Überall stieß man an. Und die muffige Luft!

Bondi trug eine derbe, alte Cordhose und ein fleckiges Unterhemd. Er war klein, strotzte aber vor Muskeln, die er bei jeder Bewegung spielen ließ. Auf den Armen Tätowierungen von wilden Tieren und viele Narben. Bondi spürte den Blick seines Gastes und lächelte.

«Der Dompteur weckt die schlafenden Fähigkeiten der Tiere!» prahlte er theatralisch. «Dazu braucht es enormes Talent, Erfahrung und eine starke Hand!» Bondi ballte eine Faust und präsentierte seine Armmuskeln. «Wenn Sie verstehen, was ich meine.»

Der Bürgermeister nickte. «Aber der Wolf...», wandte er ein, «ich meine, immerhin, wenn da mal was passieren sollte...»

«Da machen Sie sich nur keine Sorgen!» dröhnte Bondi. «Die Käfige sind tipptopp. Und für den Fall des Falles habe ich immer noch das hier!»

Er ging zum Schrank und zog ein Gewehr heraus.

«Noch aus meiner Zeit in Afrika. Elefanten, Löwen, Nashörner – was Sie wollen. Hab ich alles mit diesem Ding geschossen!»

Er prüfte die Waffe, lud einmal durch, zielte über den Kopf des Bürgermeisters hinweg – und drückte ab.

Der Bürgermeister zuckte zusammen wie unter einem heftigen Schlag. Augenblicklich war jede Farbe aus seinem Gesicht gewichen. Schweiß rann über die runden Wangen, der dicke Mann keuchte.

«Während der Vorstellung ist sie natürlich geladen», sagte Bondi trocken und stellte das Gewehr zurück. «Ich treffe jedes Ziel. Todsicher!»

Traumzeit

Die Kapelle schepperte einen schrägen Marsch. Rote, grüne und gelbe Scheinwerfer flammten auf und kreuzten ihre Strahlen. Gespenstisches Licht. Angstlicht. Aischa haßte es. Sie sprang von einem Podest zum anderen, balancierte auf einem schmalen Balken und sprang durch den brennenden Reifen. Und über allem schnalzte Bondis Peitsche. Wenn Aischa zögerte, traf sie das Lederende, scharf und schmerzvoll.

Carlo Bondi stand strahlend mitten im großen Manegenkäfig. Er trug die hellbraune Kleidung eines Großwildjägers und einen filmreifen Schlapphut. Das war sein Auftritt, seine Nummer!

Aischa haßte das Ungeheuer aus tiefster Seele. Und

gleichzeitig fürchtete sie es wie sonst nichts auf der Welt. Sie knurrte Bondi an, mehr wagte sie nicht. Kein offener Angriff. Und Bondi war schlau genug, ihr niemals den Rücken zuzuwenden.

Ludwig lief in den Käfig. Man hatte ihm den Rüssel rot angemalt, ein Spitzenhäubchen umgebunden und vor einen Bollerwagen gespannt. Das Publikum grölte vor Lachen. Ludwig lief auf Aischa zu, aber statt das Schwein zu zerfleischen, setzte sich die Wölfin lammfromm in den Wagen und ließ sich von Ludwig aus der Manege ziehen.

Anschließend mußte Ludwig eine Runde auf den Hinterbeinen drehen, immer unter großen Schmerzen, und dann auf einem Seil laufen. In Wirklichkeit waren es zwei Seile, die dicht beieinander lagen. Aber auch das verlangte unglaubliche Geschicklichkeit. Ludwig setzte ein Bein vor das andere, vorsichtig wie auf brüchigem Eis. Immer wenn er auf der anderen Seite ankam, war er einem Herzklaps nahe.

Der Käfig wurde abgebaut, und die Akrobaten liefen ein. Mit ihnen Tonio. Er schlug Saltos und Flickflacks, wirkte beim Drahtseilakt mit und trug als letzter Untermann einer menschlichen Pyramide Meises kleine Tochter Marie auf den Schultern. Er bekam jedesmal Riesenapplaus.

Und dann trat Fantoccini auf! Die Lichter verlöschten, und nur ein einzelner Scheinwerfer verfolgte jede seiner Bewegungen. Tonio stand jedesmal gebannt hinter dem Vorhang und beobachtete alles. Er hatte einen Verdacht.

Fantoccini trug elegante, scharfgebügelte schwarze Hosen und einen Rollkragenpullover, der seine dünnen Arme noch betonte. Er breitete die Arme aus und vollführte seltsame Bewegungen mit seinen feinen Händen. Wie Vögel. Jetzt war Traumzeit.

Geldscheine regneten auf das Publikum herab. Aber wenn die Menschen sie fangen wollten, pustete Fantoccini ganz leicht, und die Scheine lösten sich in Luft auf.

Licht aus – Licht an! Fantoccini stand da, prunkvoll als orientalischer Fürst verkleidet. Und neben ihm – stand Hiro, der Elefant!

Licht aus – Licht an! Fantoccini trug einen cremefarbenen Anzug, rauchte und lehnte sich an einen atemberaubenden Sportwagen.

«Zu verschenken! Hat jemand Interesse?»

Aber bevor irgend jemand «Ja!» schreien konnte, war Fantoccini – Licht aus – Licht an – verschwunden. Nur seine Hose und sein Pullover waren noch zu sehen.

«Na, wenn keiner will...» sagten Hose und Pullover und verdrehten und verbogen sich, wie von Geisterhand. Schließlich verknoteten sie sich sogar.

Fantoccini erschien und verschwand, wie es ihm gefiel. Er hielt Brieftaschen und Uhren von Leuten aus dem Publikum in der Hand, ohne daß er sich nur einen Zentimeter von der Stelle bewegt hätte. Er kannte die Telefonnummer von jedem Namen, den man ihm zurief. Er stand neben einem großen Spiegel, aber sein Spiegelbild tat etwas ganz anderes und verschwand schließlich ganz.

«Der Kerl ist Gold wert, Junge!» flüsterte Meise.

«Wie macht er das bloß?» wisperte Tonio atemlos.

«Keine blasse Ahnung!» sagte Meise. «Tricks eben, alles Tricks!»

Das behauptete auch Fantoccini selbst. Tonio glaubte ihm kein Wort.

Blutdurst

Die Musik drang dumpf und seltsam unwirklich aus dem Zelt ins Freie. Im Dunkel zwischen den Wohnwagen standen zwei Männer.

«Bondi behauptet, daß alles sicher ist», flüsterte der Bürgermeister.

«Unsinn! Der Wolf ist eine Gefahr für alle!» zischte der andere Mann. «Nur ein toter Wolf ist ein guter Wolf!»

«Tja, was tun?»

«Erschießen!» sagte der andere Mann kalt. «Wär nicht schlecht, eine richtige Wolfsjagd!»

«Aber er ist doch eingesperrt!» flüsterte der Bürgermeister. «Wozu erschießen?»

«Zum Beispiel, wenn er ausbricht, dann müßte man ihn erschießen, oder?»

«Er bricht aber nicht aus, sagt Bondi.»

«Hör auf mit diesem Bondi!» Der Mann wurde lauter. «Wie wär's? Vielleicht geht ja mal so ein Käfigschloß auf. Ganz zufällig. Du verstehst… Der Wolf bricht aus und dann…» Der andere Mann machte eine Bewegung, wie einer, der das Gewehr anlegt. «Mal was andres als so ein langweiliger Schmuddelzirkus!»

«Was denn?» Der Bürgermeister kapierte nicht.

«Na, einen Wolf schießen! Einen richtigen Wolf!»

Ein seltsames Paar

Aischa lag mit ihrem Kopf auf ihren Pfoten und horchte aufmerksam in die Nacht. Ihre aufgerichteten Ohren zuckten bei jedem Geräusch. Sie wartete.

In einigen Wagen brannte noch Licht. Gedämpft wehten Stimmen zu Aischa hinüber. Sie hörte Hiro stampfen und spürte seine Unruhe. Weiter hinten tuckerte schwerfällig der alte Stromgenerator. Aischa roch den Dieselruß. Roch das stinkende Sägemehl, das neuerwachte, feuchte Gras vor ihr, sie roch die fernen Lamas, die Esel, Hiros frischen Dung. Und sie roch Ludwig neben sich.

Sie waren zusammen aufgewachsen. Ludwig roch anders, sah anders aus und bewegte sich anders. Aber er war ihr vertraut, und sie hatten einen gemeinsamen Feind: das Ungeheuer.

Ludwig grunzte und schnaufte im Schlaf. Aischa richtete ihre Ohren wieder in die Nacht. Etwas geschah dort draußen. Sie sah es nicht, sie hörte es nicht, aber ihre Sinne meldeten, daß es auf sie zukam. Aischa knurrte leise und wartete.

Nur eine halbe Stunde

«Die Tiere sind unruhig», sagte Tonio. Er stand am kleinen Fenster ihres Wohnwagens und blickte hinaus ins Dunkel.

«Ist nur der verdammte Wind!» rief sein Vater und seifte sich die Muskelpakete ein. «Bei Fön drehen sie immer durch. Frühlingsgefühle!» Er lachte hart auf.

Im Wohnwagen herrschte drangvolle Enge. Schränke, Betten, Klo, Waschbecken, Kochnische, alles quetschte sich zu beiden Seiten. In der Mitte ein enger Durchgang. Im hinteren Teil stand Tonios schmales Bett. Fotos und Poster darüber, Bilder von Akrobaten im Flug und Schauspielern aus Action-Filmen.

Über dem Bett auf der gegenüberliegenden Seite hingen Bilder von Wildtieren: Löwen, Elefanten, Bären – und Abbildungen von Gewehren. Bondi prahlte gern von seiner Glanzzeit als Großwildjäger in Afrika. Tonio wußte, das alles war gelogen. Es war Bondis böser Traum: der Traum vom Töten.

«Was hast du gekocht?» Bondi schnüffelte, während er sich abtrocknete.

«Bratkartoffeln.»

«Was, kein Fleisch?» Bondi kam mißmutig näher.

«Und Schnitzel und Bratwurst.»

«Wollt ich meinen!» brummte Bondi. «Hoffentlich nicht wieder angebrannt!»

Er setzte sich an den Tisch, schaufelte sich wortlos ein Stück Fleisch und Bratkartoffeln auf seinen Teller und begann zu schlingen.

«Setz dich! Iß!» befahl er kauend.

«Kein Hunger», sagte Tonio. «Ich will noch mal raus.»

«Nicht zu Fantoccini!»

«Nein», log Tonio. «Ich will nach Aischa sehen.»

«Das Biest!» fluchte Bondi und zeigte das Gemansche, das er im Mund hatte. «Macht Zicken. Knurrt mich glatt an heute. Knurrt mich an! Hab ihr ein paar übergebraten, bis sie pariert hat. Falsche Bestie!»

Tonio dachte an Fantoccinis Worte. Wenn er seinen Vater sah, glaubte er dem Zauberer sofort. Aischa würde sterben, wenn sie hier bliebe. Man mußte etwas unternehmen.

«Ich geh dann.» Tonio war schon an der Tür.

«Nicht zu Fantoccini, kapiert?» drohte Bondi. «Eine halbe Stunde, und du bist zurück. Abwasch, Aufräumen und ins Bett! Kapiert?»

Tonio nickte und schlüpfte schnell hinaus.

«Nicht zu Fantoccini!» brüllte sein Vater ihm nach.

«Leck mich!» flüsterte Tonio draußen. Eines Tages würde er es laut sagen. Eines Tages.

Es kam näher. Jetzt war auch Ludwig hellwach. Er zitterte vor Aufregung. Aischa stand mit steif abgespreizten Beinen im Käfig. Sie hielt den Kopf geduckt, als erwarte sie einen Angriff. ES war da draußen und kam auf sie zu. Was ES auch war, böse oder gut – ES war ganz nah.

Fantoccini erwartete ihn schon.

«Fangen wir an», sagte er. «Frage eins!»

Das war ihr abendliches Spiel. Tonio kam für eine heimliche halbe Stunde herüber und durfte Fragen stellen. Jede Frage!

Warum heißt die Mayonnaise Mayonnaise? Wie wird

Glas gemacht? Warum ist die Tomate rot? Wie kommt die Zahnpasta in die Tube? Warum fliegt ein Flugzeug? Wo liegt Birma? Was ist ein Überbein? Wodurch wird Sahne steif? Was ist Strom?

Und Fantoccini beantwortete sie. Alle.

Tonio war süchtig nach dieser halben Stunde. Die Welt war ein riesiger Setzkasten, und alle Wunderdinge dieser Erde lagen sauber und ordentlich darin in kleinen Kästchen. Was er nur wollte, Fantoccini nahm es heraus und reichte es ihm zur Ansicht. Er zögerte nie und vor allem: Er log nicht!

«Was ist?» Fantoccini stieß ihn an. Tonio schreckte hoch. Er hatte unverwandt nach draußen gestarrt.

«Irgend etwas passiert», sagte Tonio.

Fantoccini nickte. «Du spürst es. Du bist wie die Tiere. Ich spüre es auch.» Er zögerte.

«Tonio … Ich werde den Zirkus verlassen.»

«Was?» schrie Tonio. «Du willst weg?»

«Ja», sagte Fantoccini. «Ich bleibe nirgendwo lange. Bin jetzt zwei Jahre bei Malinka. Nun wird es Zeit.»

«Warum?»

«Du kennst doch meine Nummer. Ich erscheine und verschwinde. Das ist mein Trick.»

Tonio kämpfte die Tränen herunter.

«Dein Trick! Alle kommen und gehen, wie sie wollen! Du, Kolja, alle! Nur ich und die Tiere müssen bleiben! Wir dürfen niemals weg! Ich hasse dich!» Er sprang auf und rannte zur Tür. «Du bist nicht anders als mein Vater!»

Tonio stürzte aus dem Wohnwagen ins Freie. Fantoccini hielt ihn nicht zurück. Hinter ihm schloß sich die Tür. Er war allein.

Ausgebrochen

Einer der Arbeiter bemerkte es frühmorgens, als er vom Pinkeln zurückkam. Sein Schreien weckte sofort alle Zirkusleute.

Tonio war unter den ersten, die herbeistürzten und vor dem Käfig standen. Die Tür stand weit offen, das Vorhängeschloß lag im Gras. Aischa und Ludwig waren weg!

Bondi stand mit nacktem Oberkörper vor dem Käfig, tobte und brüllte. Er prüfte das Vorhängeschloß auf Beschädigungen.

«Nicht aufgebrochen!» schrie er. Blitzschnell wirbelte er herum und packte Tonio in die Haare.

«Du kleiner Mistkerl!» schrie er ihn an. «Das warst du! Du hast ihn freigelassen!» Er schüttelte Tonio so brutal am Schopf, daß Meise, der Direktor, und zwei Akrobaten dazwischengehen mußten.

Hans, einer der Clowns, trat vor Bondi und fummelte

mit einem Draht im Schloß herum. Klackend sprang es auf. Der Clown drückte Bondi das Schloß in die Hand.

«Todeinfach!» sagte er. «Kann jeder!»

Man durchforschte jeden Winkel rund ums Zelt – ohne Erfolg. Aischa und Ludwig blieben verschwunden.

Tonio beteiligte sich mit gemischten Gefühlen an der Suche. Er freute sich über die Flucht. Zugleich aber schnürte es ihm die Kehle zu. Gestern erst hatte ihm Fantoccini eröffnet, daß er ihn verlassen würde, und heute liefen ihm zwei andere Freunde davon.

Tonio irrte sich. Es waren drei!

Er entdeckte Koljas Verschwinden erst, als er den Raben füttern wollte. Er rief ihn, lockte, suchte ihn an seinen Lieblingsplätzen, aber der schwarze Vogel blieb verschwunden.

Tonio blickte hinauf zu den Bergen, die das kleine Tal zu allen Seiten umschlossen. Mächtige, abweisend starrende Wände. Wald wuchs ihnen bis zur halben Gipfelhöhe um die Flanken. Danach nur noch Schnee und nackter Stein. Die drei konnten überall dort sein.

«Wir müssen sie einfangen», sagte Meise.

«Einfangen?» Bondi lachte bitter. «Einen Wolf? Viel Erfolg!» Er ging zurück zum Wohnwagen. «Einen Wolf kann man nicht einfangen!»

Tonio hockte sich niedergeschlagen ins feuchte Gras. Neben ihm spielte Jojo mit dem Vorhängeschloß und dem Draht von Hans. Plötzlich sprang das Schloß auf, Jojo kreischte stolz.

«He!» rief Tonio. «Woher kannst du das? Zeig das bloß nicht meinem Vater!»

Autos fuhren auf den Zirkusplatz, umstellten das Zelt, und etwa zwanzig Männer stiegen aus. Sie trugen Gewehre.

«Mist!» rief Meise. «Wie haben die das so schnell raus?»

Die Männer verteilten sich zwischen Zelt und Wohnwagen.

Der Bürgermeister, begleitet von einem Mann in Jagdkleidung mit einem Hund, kam auf Meise zu.

«Wo ist der Wolf?» fragte der Mann im Jagdkostüm.

«Herr Dauser von der Forstverwaltung», beeilte sich der Bürgermeister, den Jäger vorzustellen.

«Woher wissen Sie…» setzte Meise an. Dauser unterbrach ihn.

«Ich frage: Wo ist der Wolf?»

«Aischa ist harmlos!» rief Tonio dazwischen. «Sie tut keiner Fliege was!»

«Blödsinn!» schnauzte Dauser, ohne Tonio anzusehen. «Ein Wolf ist niemals harmlos.»

«Aischa ist viel zu schlau», sagte Fantoccini. «Und ‹feige› wie alle Wölfe. Sie wird Menschen meiden wie eine ansteckende Krankheit.»

«Was verstehen ausgerechnet Sie von Wölfen?»

«Und Sie?» fragte Fantoccini gelassen.

«Ich habe schon… Ach, was verplempere ich meine Zeit hier mit Rumquatschen, wenn sich in der Gegend ein Wolf herumtreibt!» rief Dauser. Die Männer um ihn herum nickten beifällig.

«Also», sagte der Bürgermeister und wischte sich den Schweiß von der Stirn, «der Gemeinderat hat beschlossen, daß dieser Wolf erlegt werden muß.»

«Das ist gegen das Gesetz!» sagte Fantoccini.

«Nicht bei akuter Gefahr», behauptete der Bürgermeister.

«Die Leute haben recht!»

Alle Männer drehten sich um. Bondi kam auf sie zu. Er trug seine Großwildjägerkleidung und den Schlapphut. Über der Schulter hing ein dickgepackter Rucksack, und in den Händen hatte er das Gewehr.

«Aischa ist eine tödliche Gefahr. Sie muß sterben.»

Drei auf der Flucht

Das Land lag unter ihm. Er flog hoch über den Wäldern, dicht am Fels, und ließ sich von den ersten Aufwinden tragen. Er sah die Bäume, die große Straße fern am Talende, die schmalen Wege, die sich durch den Wald den Berg hinaufwanden, die versprengten Häuser und den kleinen Ort auf der anderen Talseite. Ein paarmal sah er andere Raben, ohne sich weiter um sie zu kümmern. Er entdeckte vorwitzige Feldmäuse, die pfeifend in ihre Löcher zurückflitzten, wenn sein Schatten über sie hinwegstrich. Und er sah den Wolf und das Schwein.

Sie waren die ganze Nacht gelaufen. Aischa erinnerte sich nur fetzenhaft. Die Tür hatte sich plötzlich geöffnet. Sie hatte einen Augenblick gezögert, dann war sie mit einem Satz herausgesprungen. Ängstlich geduckt, angespannt hatte sie in jede Richtung gewittert. Dann war sie losgerast.

Endlich konnte sie laufen. Und sie lief! Vorwärts! Nur weg vom Ungeheuer! Eine nie gespürte Kraft durchströmte sie, wie der erste Sommertag. Das Glück lag in jedem Muskel, den sie spürte. Wie leicht sie war! Sie flog! Lautlos jagte sie in den Wald. Sie war der Südwind, ein Atmen des Waldes, ein silbergraues Mondfeuer.

Ludwig folgte ihr, so schnell er konnte.

Ein Quorcken. Aischa blickte auf und sah Kolja über sich kreisen. Aischa stupste Ludwig kurz in die Seite. Schneller, Ludwig, schneller!

Den ganzen Tag über folgten sie dem Raben. Er schien ein unbestimmtes Ziel zu haben. Manchmal flog er weit voraus, ließ sie zurück und holte sie nach einiger Zeit wieder ab. Und eine Eingebung sagte Aischa, daß der Weg des Raben auch ihr Weg sein müßte.

Sie löschten ihren Durst in Pfützen geschmolzenen Schnees, obwohl das kalte Wasser im leeren Magen schmerzte. Die Luft war warm. Sie mieden Straßen und umgingen Häuser und kleine Ansiedlungen. Nur einmal plünderten sie eine übervolle Mülltonne.

Kolja pickte sich heraus, was er brauchte, aber für Ludwig und Aischa gab der Abfall nicht genug her. Dann weiter. Nur weiter! Keine Rast, obwohl beide Tiere vor Anstrengung zitterten. Das Ungeheuer war hinter ihnen. Sie spürten, daß sie gejagt wurden.

Die Herausforderung

«Sie sind also der berühmte Großwildjäger!»

Dauser stand dicht vor Bondi und lächelte dünn. Herablassung lag in seinen Augen und kalter Haß auf alles, was lebte. Bondi bezwang seine Lust, den Mann auf der Stelle niederzuschlagen. Dauser saß seelenruhig in seinem Jeep und rauchte. Er wartete. Der Wolf konnte überall sein. Irgendwann läutete sein Autotelefon. Blitzschnell hob Dauser ab und hörte aufmerksam hin.

«Gut... wo, sagen Sie? Hm... Ja, kenn ich.»
Er legte auf.

«Wir haben sie», sagte er aufgeregt. Er breitete eine Landkarte aus und zeigte auf eine Stelle, die etwa zehn Kilometer entfernt lag. «Hier, genau da haben sie eine Mülltonne geräubert. Die Leute im Haus haben sich in die Hosen gemacht vor Angst!» Er lachte. «Steigen Sie ein, Großwildjäger, der Spaß beginnt!»

Schmerz

Kolja hielt sich nordöstlich. Aischa war vorsichtig genug, ihm nicht in gerader Linie zu folgen, sondern in weiten Bögen. Uralte Wolfstricks.

Sie waren am Ende. Ihre Lungen brannten, die Pfoten schmerzten, waren wund vom Laufen. Die Leichtigkeit der Nacht war verglüht. Aischas kranker, linker Hinterlauf quälte sie. Die letzten Kilometer hatte sie nur noch hinkend zurückgelegt.

Ein Geräusch plätscherte aus den Baumspitzen auf sie herab. Kolja machte es sich umständlich im Geäst bequem.

Aischa prüfte sorgsam die Stelle, an der sie Rast machten. Der Wald stand dicht um sie herum, sie witterte keinen Menschen. Sicher genug also. Aischa warf sich auf den feuchten Waldboden und schloß die Augen.

Traumbilder überschwemmten sie. Ein neues Verlangen tauchte auf. Ihr Magen schmerzte vom Hunger und dem Schmelzwasser, und sie spürte, daß sie bald etwas tun würde, was sie noch nie zuvor getan hatte: töten.

Aischa spürte Ludwigs warmen Körper, der neben ihr lag. Sie brauchte Ludwig, so wie er sie brauchte. Sie war sicher, daß sie nur gemeinsam dem Ungeheuer endgültig entkommen konnten.

Fantoccinis Trick

Sein Vater hatte ihn eingesperrt. Wie die Tiere, dachte Tonio, aber das war nicht das Problem. Er würde schon rauskommen. In aller Eile packte er den Rucksack. Die Zeit drängte. Die Tür des Wohnwagens ging auf, als sei sie nicht versperrt gewesen, und Fantoccini trat ein. Tonio war nicht im mindesten überrascht.

«Wurde auch Zeit», sagte er bloß. Tonio schulterte den Rucksack. Jojo sprang vom Regal und kletterte schnatternd auf Tonios Schultern.

«Ich gehe ihnen nach.»

Fantoccini schüttelte den Kopf. «Allein? Bei dem Vorsprung, den sie mit den Autos haben? Aussichtslos.»

«Ich schaff's!» sagte Tonio trotzig. «Glaub nicht, daß ich dich um Hilfe bitte.»

«Käme nie auf den Gedanken», sagte Fantoccini. Jetzt lächelte er fein. «Ich wollte dir etwas schenken. Zum Abschied.»

Tonio spürte einen Kloß im Hals.

«Was?... Jetzt schon?»

«Ich glaube, daß du es jetzt gut gebrauchen kannst. Schließ die Augen!»

Tonio gehorchte wortlos, und Fantoccini drehte ihn in eine bestimmte Richtung.

«Zähle bis zwanzig, dann kannst du sie wieder aufmachen. Nicht vorher!»

Und Tonio zählte.

«Eins, zwei, drei...» Was würde das sein? «...vier, fünf, sechs...» Hoffentlich nichts Großes. Schwer genug sein Rucksack! «...sieben, acht...» Irgendwo rauschte Wasser. «...neun, zehn...» Wind streichelte seine Wangen. «...elf, zwölf...»

Wind? Im Wohnwagen?

Zwei gegen alle

Ludwig träumte. Er träumte von guten Dingen, von dem Geschmack, den Kartoffeln haben, und Rüben. Aber er träumte auch von schlechten Dingen, von einem Schatten, der allmächtig und drohend durch seine kurzen Träume zog. Er träumte von dem Ungeheuer.

Im Zirkus hatte Ludwig ein trickreiches Geschick entwickelt, sich möglichst aus seiner Reichweite zu halten. Er hatte immer schnell verstanden, was das Monstrum von ihm wollte, bevor ein Gewitter von Prügel über ihm niederging. Er hatte früh gemerkt, daß das Ungeheuer eine verborgene Angst vor dem Wolf hatte. Aischa wiederum begriff, daß Ludwig ein Gespür dafür hatte, Schmerzen zu entgehen. Sie beobachtete ihn stets wachsam, blieb in seiner Nähe, denn wo Ludwig war, konnte auch sie unbeschadet sein. Auf diese Weise waren die Wölfin und das Wollschwein ein verschworenes Gespann geworden. Gefährten im Unglück.

Entdeckt!

An der Mülltonne trennten sie sich in Zweiergruppen. Dauser verteilte Walkie-talkies an jede Gruppe. Er war es jetzt, der anordnete. Das paßte Bondi nicht. Überhaupt nicht. Und dann Dausers Anspielungen.

«Schon mal 'n Wolf gejagt?»

Bondi hätte ihn am liebsten erwürgt.

«Sie werden's ja erleben!» keuchte er.

Aber Dauser beachtete ihn gar nicht. Er suchte ständig den Boden ab. Seine Aufmerksamkeit galt vor allem den feuchten und lehmigen Stellen.

«Schlaue Biester», sagte Dauser. «Ich war mal in Rumänien. Damals noch. Auf Einladung, zum Jagdurlaub. Tolle Zeit! Wölfe gibt's da, sage ich Ihnen, massenhaft! Ein Paradies – aber nicht für Wölfe!» Er lachte über seinen Scherz. «Acht Stück hab ich erlegt, acht! Die sind so schlau. Wenn Sie nicht höllisch aufpassen, umkreisen die Sie und verpissen sich. Die können...»

Er unterbrach sich und blieb stehen. Bondi folgte seinem Blick hoch in den Himmel und sah den Raben. Er kreiste vor dem Wald über dem Schlußstück einer Skipiste.

«Wölfe und Raben gehören zusammen», murmelte Dauser. Er packte Bondi plötzlich am Arm und zog ihn in die Richtung, wo der Rabe flog. «Kommen Sie!»

Jetzt hatte der Rabe sie entdeckt. Er flog auf sie zu, machte abrupt kehrt und entfernte sich eilig. An der Stelle, wo er eben gekreist hatte, stieß er im Sturzflug

herab, stieg auf, flog tief, flog hoch und ließ einen Wasser-
fall verschiedenster Triller, Krächzer, Pfiffe und Jodler
los. Er spielte verrückt.

«Er warnt! Los, schneller!» drängte Dauser. Die beiden Männer rannten auf den Waldrand zu. Dausers Hund
zog wie toll an der Leine.

Am Waldrand hielten sie sich in der Deckung der
Bäume und sahen, wie der Rabe davonflog. Die Wiese vor
ihnen war leer. Dauser entsicherte sein Gewehr und
schlich langsam aus dem Wald. Bondi tat es ihm nach.
Noch aufmerksamer suchten sie jetzt den Boden ab.

Bondis Blick blieb an einem matschigen, grasfreien
Fleck hängen. Er ging in die Hocke und untersuchte die
Stelle. Eine Pfote hatte sich im Lehm abgedrückt. Etwas
weiter fand er den Abdruck kleiner Schweinshufe.

«Das sind sie», sagte Dauser und schnappte sein
Funkgerät.

Bondi nickte. «Und sie sind ganz nah!»

Die Nase des Pfadfinders

Wenn Kolja sie nicht gewarnt hätte, wäre es aus gewesen. Für einen Moment hatte Aischa die Anwesenheit des Ungeheuers gespürt. Die Menschenmeute war hinter ihnen!

Aischa und Ludwig rannten mit neuen Kräften. Kolja war durch die dichten Kiefern oft nicht zu sehen. Aischa suchte lichte Waldstellen, um den Raben auszumachen.

Jetzt übernahm Ludwig die Führung.

Bisher war er Aischa bedingungslos gefolgt. Jetzt spürte er das Zögern und ihre Unsicherheit. Und er spürte die todbringende Nähe des Ungeheuers, das sie hetzte.

Ludwig vertraute seiner Nase, und ohne zu zögern, schlug er eine bestimmte Richtung ein. Sein Körper war ein einziges Bündel Schmerz. Der Hunger quälte ihn mörderisch. Aber er wollte leben. Leben gehörte zu den guten Dingen. Seit er zum erstenmal gespürt hatte, daß es ihn gab, wollte er nur das: leben! Und bis heute hatte das auch immer geklappt. Das durfte sich auf keinen Fall ändern!

Kleiner Vorsprung

«...achtzehn, neunzehn...» Tonio zögerte. Was würde er gleich sehen? Wind fuhr ihm in die Haare. Fern rauschte Wasser.

«Zwanzig!» Tonio öffnete die Augen. Er stand im Freien! Für einen Moment wurde ihm schwindlig. Er taumelte auf der Stelle.

«Ach, du große Scheiße!»

Er stand auf einem nackten Felsen und blickte über eine langgezogene, enge Schlucht. Vielleicht fünf, sechs Meter breit, schätzte Tonio. Zuviel, um drüberzuspringen. Tonio beugte sich vorsichtig vor und blickte hinunter. Schroff und steil fielen die Felsen etwa hundert Meter ab. Wenige verwegene, kleinwüchsige Bäume nur krallten ihre Wurzeln zwischen die Felsspalten. Unten schäumte ein lauter Wildbach unter einer dunstigen Gischtwolke und schürfte sich sein Bett durchs Gestein. Eine Klamm! Tonio stand am Rande einer Klamm. Panik stieg in ihm auf. Wo war Fantoccini? Er blickte sich um, aber der Magier war nirgendwo zu sehen. Schlagartig begriff der Junge. Fantoccinis Abschiedsgeschenk! Fantoccinis Trick! Man glaubt es nicht!

Ganz ruhig! Tonio zwang sich, genau zu überlegen. Die Suche! Fantoccini hatte ihm irgendwie geholfen, den Vorsprung der Männer einzuholen. Eine absolut wahnsinnige Vorstellung, aber alles andere machte keinen Sinn. Dann mußten die Männer also hinter ihm sein und die Tiere vor ihm. Aber wo war vorne, und wo war hinten?

«Was meinst du, Jojo?»

Jojo sprudelte los und gestikulierte aufgeregt die Kante der Klamm entlang, die Richtung, aus der der Bach kam. Er schnatterte unaufhörlich.

«Schon gut, kleiner Angeber!» unterbrach Tonio das Gefuchtel. «Hab verstanden!»

Er straffte die Gurte seines Rucksacks und folgte dem Lauf der Klamm. Sein Blick tastete den Boden und den Wald zu beiden Seiten der Schlucht ab. Er war ganz sicher, bald würde er entweder auf die Jäger oder eine Spur der Tiere stoßen.

Mordsspaß

Sie zogen auf Rufweite entfernt durch den Wald. Zuviel Lärm und Bewegung, dachte Bondi, aber er durchschaute Dausers Absicht. Es ging nicht nur um den Abschuß. Der Tod war nur das feierliche Ende eines langen, grausamen Rituals, das sie in allen Einzelheiten zelebrierten. Sie trieben den Wolf vor sich her, hetzten ihn zu Tode. Er war ausgehungert und geschwächt. Eine gnadenlose Verfolgungsjagd würde er nicht durchhalten.

«Frag mich, warum wir keinen Schweinskadaver finden.» Dauser wunderte sich. «Oder haben Sie den Wolf auf Müsli und Salat umdressiert, Bondek?»

Bondi schluckte die Beleidigung. Er fragte auch nicht, woher Dauser seinen richtigen Namen kannte: Karl Bondek. Dauser wußte viel. Vielleicht zuviel. Ein Grund mehr, dicht bei ihm zu bleiben. So eine Jagd war doch gefährlich. Konnte da nicht mal ein Unfall geschehen?

Ihr Weg endete am Rand einer Klamm. Nirgendwo war eine Brücke zu sehen, und die steilen Abhänge boten keine Möglichkeit, abzusteigen. Dauser trennte die Jagdgesellschaft in zwei Gruppen. Die eine sollte dem Bachlauf folgen, die andere mit ihm hangaufwärts ziehen.

Hintereinander folgten Bondi, Dauser und zwei weitere Jäger nun dem Grat der Klamm. Dauser schien die Nähe seines Jagdwilds zu wittern. Er drängte zur Eile, suchte aufmerksamer als zuvor den Boden ab.

Die große Nummer

Beinahe hätte Tonio seinen Vater und die Jäger gar nicht bemerkt. Er war völlig gebannt von dem, was sich unten, in der Klamm, abspielte.

Zu beiden Seiten des Wildbachs zog sich ein enger Streifen von Geröll und kleinen Felsen, den das weiße Wasser nicht überspülte. Die Felswände bildeten dort einen Überhang, so daß dieser Geröllstreifen nur von der jeweils gegenüberliegenden Seite einsehbar war. Wenn man genau darüber stand, sah man nichts.

Auf diesem lockeren Gürtel, der so schmal war, daß selbst Tonio darauf ausgerutscht wäre, gingen Ludwig und Aischa bachaufwärts. Ludwig setzte vorsichtig, wie bei seinem Drahtseilakt, ein Bein vor das andere, testete jeden Stein auf seine Trittsicherheit und wagte sich erst vor, wenn er wirklich sicheren Stand hatte. Aischa folgte, wenn Ludwig den Schritt getan hatte. Ein Fehltritt, und der reißende Bach hätte sie erbarmungslos über die Felsen ins Tal geschleift.

Tonio robbte sich an die Abbruchkante heran. Er unterdrückte einen mächtigen Impuls, die Freunde zu rufen. Erstens bedeutete jede Überraschung, jeder Schreck da unten eine tödliche Gefahr, und zweitens sah er seinen Vater mit dem Mann, der Dauser hieß. Ein Stück weiter traten sie auf der anderen Seite der Klamm aus dem Wald. Tonio preßte sich fest an den felsigen Untergrund und rührte sich nicht.

Der Fels drückte durch den dünnen, moosigen Belag schmerzhaft auf die Knochen. Zentimeter für Zentimeter robbte Tonio rückwärts. Die paar Meter bis ins schützende Dunkel des Waldes erschienen ihm endlos wie eine Wüstendurchquerung. Jetzt konnte er schon deutlich das Gesicht seines Vaters erkennen. Er schien etwas auf der anderen Seite entdeckt zu haben. Ihn? Noch ein Zentimeter. Sein Fuß stieß gegen den ersten Baum. Tonio mußte sich zwingen, nicht aufzuspringen. Langsam richtete er sich auf und kauerte sich hinter einen Baumstamm.

Die Jäger standen genau über Ludwig und Aischa. Nichts wies darauf hin, daß sie sie bemerkten. Tonio atmete schon erleichtert auf, als sein Vater nach oben zeigte. Kolja kreiste genau über Ludwig und Aischa. Als er die Jäger entdeckte, flog er davon. Dann ging alles sehr schnell. Mit einem Ruck riß Bondi sein Gewehr von der Schulter, entsicherte, lud durch, legte an, zielte kurz und drückte ab. Der Schuß war ein trockener Hammerschlag, und sein Echo dröhnte durch die Klamm. Kolja war verschwunden.

Tonio nahm weder wahr, daß Dauser drüben erregt und wütend auf seinen Vater einredete, noch daß die Jäger weiterzogen. Regungslos hockte er hinter dem Stamm. Ein einziger Gedanke hämmerte ihm im Kopf: Was war mit Kolja, was war mit Aischa und Ludwig?

Erst als die Jäger längst fort waren, traute er sich, zur Felskante zu schleichen. Von Aischa und Ludwig war nichts mehr zu sehen.

Wenn der Bach sie erwischt hatte, gab es keine Hoffnung. Wenn sie aber weitergezogen waren, mußte er auf die andere Seite. Dort, nur dort konnten die Tiere sein, denn der Bach war nicht zu durchqueren. Aber über die Klamm gab es nur einen Weg.

Tonio ging die Felskante entlang, bis er eine geeignete Stelle fand. Hier wich der Wald zu beiden Seiten weit zurück, die Felsen am Rand waren flach und näherten sich bis auf etwa vier Meter einander an. Es sah so leicht

aus, aber Tonio wußte genau: ein einziger Zentimeter entschied über Leben und Tod. Genauso sicher war, daß er es trotzdem tun würde.

Zuerst schleuderte er seinen Rucksack auf die andere Seite. Dann ging er so weit in den Wald zurück, bis der Boden zu weich wurde. Die Strecke vor ihm war fest und abschüssig. Er mußte schnell werden. Hoffentlich schnell genug. Er durfte keinen Zentimeter zu früh und vor allem keinen zu spät abspringen. Tonio machte ein paar Dehnübungen, wie vor dem Auftritt. Ja, es war sein Auftritt! Nur das Publikum fehlte. Vier Meter. Seine Muskeln fühlten sich gut an, locker, aber fest und stark. Er spürte sein Herz. Blödes Lampenfieber, immer! Vielleicht nur dreieinhalb? Egal. Tonio dachte an das trostlose Leben im Zirkus und an Bondi, den Vater. Jojo brauchte er nichts zu erklären. Jojo war ein brillanter Artist, er wußte genau, wann sein Auftritt kam. Er krallte sich auf Tonios Rücken, ohne ihn zu behindern. Ganz still. Dann rannte Tonio los.

Durchhalten!

Eine unsichtbare Peitsche hatte durch die Klamm nach ihnen geschlagen. Wütend und voller Haß, sie nicht getroffen zu haben.

Das Ungeheuer war direkt über ihnen. Ludwig hatte mit dem Knall unmittelbar den Tod erwartet. Als er merkte, daß dieser Tod ihn nicht gefunden hatte, und sah, daß auch Aischa noch lebte, dämmerte ihm, daß das Ungeheuer möglicherweise doch nicht allmächtig war.

Obwohl sehr leicht zu erschrecken, war Ludwig keine überempfindliche Seele. Er ging den Weg, den er gewählt hatte, stur weiter. Auch Aischa löste sich aus ihrer Schreckensstarre und folgte ihm.

Auf einem steilen Pfad kamen sie aus der Klamm, die Ludwig nicht mehr sicher schien. Von hier ging es hangaufwärts durch niedrige, karstige Wälder und über frühlingsbunte Almen. Von ihrem schwarzgefiederten Freund fehlte jede Spur.

Sie hielten auf die Berge zu. Das Gelände wurde steinig und steiler, und immer häufiger mußten sie weite, alte Schneefelder überqueren. Ein mörderischer Weg für die beiden zu Tode erschöpften Tiere.

Aischa schlug Alarm. Auch Ludwigs hochempfindliche Nase nahm den Geruch auf, der wie ein Schleier halbzerrissen und verweht in den Zweigen hing. Die Jäger waren hier gewesen.

Aischa schlug fortan ständig einen bestimmten Winkel zu Ludwigs Richtung ein, und Ludwig verstand.

Zusammen bildete das ungleiche Paar einen perfekten Kompaß, der sie in einem Bogen zuverlässig aus der Reichweite der Jäger lotste. Wenn die Kräfte nur reichten, konnten sie auf diese Weise die Berge überqueren und so viel Abstand gewinnen, daß das Ungeheuer sie nie mehr finden würde. Wenn sie durchhielten!

Gnadenlos

Heinz Dauser hatte schlechte Laune. Erstens wegen Bondis idiotischem Schuß auf den Raben, zweitens weil sie die Spur verloren hatten. Sie befanden sich jenseits der Baumgrenze. Noch hielt sich das Wetter, aber erste Wolkenschleier krochen schon aus den Tälern. Regen oder ein später Schneeinbruch konnten alle Spuren verwischen.

«Hätt ich gewußt, was Sie vorhaben – ich hätt Sie vorher abgeknallt!» Dauser kochte vor Wut und Enttäuschung.

«Sie haben ja keine Ahnung, Mann!» erwiderte Bondi. «Ohne den Raben laufen die jetzt doch im Kreis. Völlig orientierungslos. Leichtes Spiel für uns.»

«Ach ja? Und wo sind sie jetzt – Großwildjäger Bondek?»

«Mann, sie können nur hinter uns sein! Sonst hätten wir Abdrücke in den Schneefeldern gefunden.»

«Also zurück!» kommandierte Dauser.

Die beiden anderen Jäger, die sich erschöpft auf ihre Gewehre stützten, stöhnten. Das hier war keine Jagd, das war ein Marathonlauf! Dauser und dieser Bondi rannten den Berg hinauf, als ginge es um einen Worldcup.

«Max, Schorsch, ihr geht runter zur letzten Spur!» befahl Dauser. «Ich gehe mit Bondek seitlich zum Hang.»

Der Vorsprung schrumpft

Er flog! Alle Träume, die er jemals bei Koljas Anblick gehabt hatte, wurden wahr. Er berührte fast den Himmel! Er war unbesiegbar bis zum Ende seines Lebens!

Schon beim Absprung wußte er, daß er es schaffen mußte, obwohl sein Sprungfuß zum Schluß auf einer sandigen Stelle leicht verrutscht war. Im Flug warf er sein ganzes Gewicht nach vorne, um mit möglichst viel Körperfläche aufzukommen. An Verletzung dachte er keinen Augenblick.

Nun lag er auf der anderen Seite der Klamm und stöhnte. Er war mit einem Fuß beim Aufprall in eine Steinmulde getreten. Der Fuß hatte sich übel verdreht und war in Sekunden zu einem Klumpen angeschwollen, der schmerzhaft pulsierte. Tonio glaubte, der Fuß sei gebrochen, merkte dann aber, daß er auftreten konnte. Geschafft! Jojo führte sich auf wie der größte Zirkusstar, hampelte, gestikulierte – Affenglück!

Tonio sammelte seinen Rucksack ein und machte sich humpelnd auf den Weg. Er hatte viel von Fantoccinis magischem Vorsprung verloren.

Er wußte, daß er aufwärts gehen mußte, mehr nicht. Wohin also? Jojo half ihm. Der kleine Affe, der im Zirkus jeden Tag mit dem Wollschwein zusammengewesen war, turnte von Tonios Schulter und lief voraus. Er wußte genau, wohin das Schwein gehen würde.

Tonio verdrängte den Schmerz in seinem Bein und begann den Aufstieg.

Fleisch

Aischa und Ludwig mußten jetzt beide oft anhalten. Der Berg drängte sie machtvoll zurück ins Tal. Ihr Widerstand wurde mit jeder Minute schwächer. Es wurde empfindlich kalt in der Höhe. Zum Glück hatte Ludwig noch sein wollig-filziges Winterfell.

Sie stießen auf eine kleine Höhle. Verrostete Konservendosen zeugten davon, daß Touristen vor langer Zeit hier gewesen waren. Etwas Eßbares war aber nicht aufzutreiben. Enttäuscht kam Aischa wieder aus der Höhle. Und dort sah sie den Hirsch.

Ein riesiger Zwölfender. Ein prächtiger alter Bursche, einer, der viel erlebt hatte, einer, der alle Tricks und Finten kannte. In seinem Körper steckte noch eine alte Kugel von Dauser. Er spürte sie, wenn das Wetter umschlug, so wie heute. Jeder kannte sein Revier, aber wenn die Jagdsaison begann, wurde der Riese unsichtbar. Er war eine Jägerlegende, die an den Stammtischen in der Umgebung erzählt wurde. Für Aischa war er jetzt alle Hoffnung.

Der Hirsch wirkte völlig arglos. Er freute sich seiner gewaltigen Kraft. Nur fünfzig Meter trennten sie. Der Wind stand günstig, darum hatte er sie nicht bemerkt.

Es war soweit. Aischa wußte, was sie zu tun hatte, und sie zögerte keinen Augenblick. Sie befahl alle Kraft, die sie noch aufbringen konnte, in ihre Beine und rannte in gewaltigen Sprüngen auf den Hirsch zu. Das Ziel war seine Kehle.

Aischa hatte nie gejagt. Darum hatte sie auch kein Empfinden für die Aussichtslosigkeit ihres Angriffs. Sie hatte den Hirsch fast erreicht, als er sich umwandte und die Wölfin bemerkte. Mit einer unglaublichen Ruhe senkte er sein riesiges Geweih, schaufelte Aischa mühelos wie ein lästiges Insekt auf und schleuderte sie weit von sich. Aischa prallte auf den Fels, kam aber sofort wieder auf die Beine. Sie wagte noch einen Versuch. Aber der Hirsch drehte ihr immer sein schützendes Geweih zu, so sehr sie auch versuchte, ihn auszutricksen. Der Hirsch ging nun selbst zum Angriff über und versuchte, sie mit

dem Geweih aufzuspießen. Vielleicht eine halbe Stunde dauerte dieser seltsame Tanz. Dann gab Aischa auf. Sie war am Ende.

Sie schleppte sich verzweifelt an Ludwig vorbei in die Höhle, ließ sich fallen und wartete nur auf den Tod.

Der Tod kam nicht. Dafür der Regen. Den ganzen Tag über hatten sich die Wolken im Tal verdichtet. Gegen Abend kletterte das lichtfressende Grau herauf und verschluckte die Welt. Der Himmel zerriß, und ein Blitz schlug auf den Fels. Es krachte, als ob eine Faust den Gipfel zermalme, und in der gleichen Sekunde stürzten Ozeane aus den Wolken. So verging die Nacht.

Aber das Gewitter und der Regen verschwanden wie ein schlimmer Traum. Ein vertrautes Geräusch weckte Aischa und Ludwig. Auf einem Felsen vor der Höhle saß Kolja im morgendlichen Dunst und quorckte fröhlich. Irgendwie hatte er sie gefunden. Und er hatte noch etwas anderes gefunden: Fleisch.

Die Ziege lag nicht weit entfernt. Ein Blitzschlag hatte sie in der Nacht getroffen. Aischa begann gierig zu schlingen, Kolja und Ludwig fraßen mit.

Das Fleisch der Ziege war reine Kraft. Aischa spürte, wie das Leben in sie zurückkehrte. Sie fraß heißhungrig, bis sie nicht mehr konnte. Alle drei fühlten sich großartig.

Aber dieser Platz war gefährlich. Auch andere Raben hatten jetzt den Kadaver entdeckt und lockten ganze Sippschaften an. Kilometerweit konnte man sie sehen. Aischa verließ den Platz und lief weiter. Kolja war bereits in der Luft und wies den Weg. Hier oben im Fels, wo kein Baum mehr stand, übernahm er wieder die Führung. Und er führte sie über die Berge.

Dicht dran

Tonio und Jojo hatten die Nacht unter einem schmalen Felsüberhang verbracht. Die Kälte, das Gewitter und Tonios hämmernder Fuß hatten keinen Schlaf erlaubt. Schweigsam frühstückten sie den Rest Salami und die letzten Schokoriegel, die Tonio mitgenommen hatte, und machten sich wieder auf den Weg. Jeder Schritt eine Qual.

Gegen Mittag fand Tonio das, was Aischa und die Raben von der Ziege übriggelassen hatten. Er wollte gerade nach Spuren ringsum suchen, als er den Hubschrauber hörte. Wie ein gelbes Insekt flog die Maschine der Bergwacht aus dem Tal den Hang hinauf. Das trockene Schmatzen der Rotorblätter lief hin und her durchs Tal und hängte sich zitternd in den Fels. Es schien von überall zu kommen.

Der Hubschrauber stieg direkt auf ihn zu. Ohne auf seinen schmerzenden Fuß zu achten, hastete Tonio auf al-

len vieren über den steilen Fels. Er fürchtete, die Männer von der Bergwacht würden ihn zurück zum Zirkus bringen. Gerade noch rechtzeitig fand er die Höhle.

«Scheißlärm!» fluchte Dauser. «Vollidioten!» Er beobachtete den Hubschrauber, bis er aus seinem Blick verschwand. Als er sich wieder zu Bondi umdrehte, sah er in die Mündung von Bondis Gewehr.

«Zeit, sich zu trennen!» sagte Bondi.

«Was soll das heißen?»

«Ich jage den Wolf allein weiter. Sie gehen zurück, Dauser!»

«Wohl bekloppt geworden? Ohne mich sind Sie aufgeschmissen! Ich weiß Bescheid über Sie, Bondek. Hab mich erkundigt. Der Junge wird alles erfahren. Was mit seinen Eltern passiert ist, zum Beispiel!»

Bondi blieb völlig ruhig.

«Weg mit der Knarre!» sagte er. «Aber langsam! Stellen Sie sich an den Baum da!»

Dausers Hund knurrte Bondi an.

«Ich lasse den Hund los, Bondi! Der macht Hackfleisch aus Ihnen!»

«An den Baum da!» sagte Bondi und zielte auf den Hund.

Tonio kroch vorsichtig aus der Höhle. Er ließ sich jetzt nur noch von Jojo führen, denn Spuren gab es keine mehr. Auf einem Ziegenpfad, schmaler als Tonios Schultern, umgingen sie die Südflanke des Berges. Dort hörte er auch den Schuß. Tonio preßte sich mit seinem ganzen Körper an den Fels, als ob er ihn umarmen wollte. Der Hall des Schusses rollte über ihn hinweg, als wolle er ihn mitreißen. Tonios Kehle schnürte sich zu. Aischa! Er riß sich zusammen und kletterte nun seitlich wie ein Krebs am Fels entlang. Jojo klammerte sich an seinen Rücken und verhielt sich still. Ein Fehltritt wäre ihr sicherer Tod gewesen.

Es dunkelte bereits, als der Pfad auf der anderen Seite des Berges breiter und sicherer wurde. Eine langgezogene Alm öffnete sich vor ihnen. Ein Haus stand dort, klein, alt, nach alpenländischer Art gebaut, eins, das den Schnee eines langen Winters tragen konnte. Eine dünne Rauchfahne verriet, daß es bewohnt war.

Ein vertrauter Geruch

Aischa beobachtete das Haus schon seit Stunden aus einer schützenden Erdmulde. Jetzt war es dunkel. Zwei Fenster des niedrigen Hauses waren beleuchtet. Was hielt sie an diesem Haus?

Als sie auf die Alm gekommen waren, hatten sie Tiere gesehen. Die Tiere waren vor ihnen geflohen. Ein Mensch war aus dem Haus gekommen, hatte die Tiere rasch in einen Stall gebracht und dann lange vor dem Haus gestanden.

Das Haus zog Aischa an. Gleichzeitig aber löste es in ihr große Furcht aus. Der Mensch dort wußte etwas von ihrer Anwesenheit.

Aischa schob ihre Sinne hinaus in die Nacht. Ihr Körper lag in der Mulde, aber ihre Sinne liefen fort, dehnten sich weit über die Wiesen bis an das Haus. Jetzt wußte Aischa, was sie hielt. Ein Wolf war hier gewesen. Eine letzte Erinnerung an seinen Geruch hielt sich noch an den hölzernen Wänden. Aischa zitterte am ganzen Leib. Ein Wolf! Sie war also nicht allein!

Der Löwe

Der Alte war nicht einmal verwundert gewesen. Er gab Tonio und Jojo Kartoffeln und Buttermilch, verband sachkundig den Fuß und schwieg. Tonio, der seinen Blick nicht aushielt, schaute sich in der niedrigen Kammer um. Der Alte besaß nicht viel, nur das Nötigste, und das war alt vom vielen Gebrauch. Das einzig Moderne waren ein kleines Funkgerät und eine schwere Flinte, die an der Wand hing. Der Alte saß ruhig da, kräftig, braungebrannt, bärtig wie der erste Mensch, scharfe, klare Augen, mit einer Pfeife, uralt wie er selbst, zwischen den Zähnen und schwieg. Tonio hatte sich fest vorgenommen, kein Wort zu sagen, aber diese Ewigkeit des Schweigens ertrug er nicht.

«Ich bin kein Jäger!» platzte er heraus.

Der Alte nickte.

«Weiß schon» sagte er mit einem Dialekt, den Tonio kaum verstand. «Du suchst den Wolf.»

«Woher...?»

«Er war hier, heut über Tag», erzählte der Alte. «Hab ihn nicht sehen können, aber wissen tu ich's genau, daß er da ist.»

«Ich muß ihn finden!» rief Tonio. «Sonst erschießt ihn mein Vater! Oder Dauser!»

Bei dem Namen Dauser verdüsterte sich das Gesicht des Alten.

«Dauser!» knurrte er. «Der Teufel! Denken hätt ich's mir können. Also, ich bin der Stangassinger Leopold.

Kannst Leo sagen, Bub. Im Tal drunten heißen's mich den ‹Löwen›! Wissen schon, warum.»

«Ich heiße Tonio. Aber was…?»

In diesem Augenblick begann das Heulen. Ein Wolf! Und er bekam Antwort.

«Hörst sie, die Wölfe?» fragte der alte Stangassinger. «Allein sind's. Der eine streift schon seit ein paar Wochen hier oben herum. Zwei Ziegen hat er mir gerissen. Was soll man machen? So geht's halt, das Leben. Jetzt leg ich ihm was hin, jeden Tag. Und er kommt's sich holen, der Kerl! Ja, im Frühjahr kommen's schon manchmal rauf, die Wölf. Über die Grenze. Ist ja nicht weit. So, Bub, und jetzt erzählst mir von deinem Wolf da draußen und von dir, und morgen schauen wir weiter.»

Der Ton war freundlich, aber bestimmt. Tonio erzählte seine Geschichte, und der Alte hörte zu, ohne ihn zu unterbrechen. Als Tonio endete, erzählte Leo von sich, den einsamen Wintern auf der Alm, und von den Tieren, die er vor dem sicheren Tod im Tal bewahrte: lahme Pferde, Hunde, die ihren Herrn gebissen hatten, hier oben aber friedlich seine Füße wärmten, Katzen, einen blinden Esel und die paar Ziegen. Leo liebte die Menschen nicht besonders. Mit denen im Tal war der dickschädelige Alte immer aneinandergeraten. Hier mit den Tieren konnte er friedlich leben.

Die Stimme des «Löwen» war tief und gleichmäßig und verscheuchte die Angst. Und als der letzte Rest Angst verschwunden war, kam der Schlaf.

Abschied

Als Aischa den Wolf heulen hörte, wußte sie: Dort, irgendwo in der Nacht, war ein Wesen wie sie. Und dort mußte sie hin. Aischa stand auf, warf den Kopf zurück und heulte. Und der Wolf antwortete.

Unvermittelt brach das Heulen ab. Aischa wirkte auf einmal groß und kräftig, trotz der Anstrengungen der letzten Tage. Ihre Augen leuchteten, ihr Fang stand leicht offen. Ludwig beobachtete sie gespannt. Plötzlich machte Aischa einen Schritt auf ihn zu, stupste ihn kurz mit der Nase und sprang über ihn hinweg in die Nacht.

Ludwig schlief nicht in dieser Nacht. Die Kälte und die Sehnsucht nach Aischa hielten ihn wach. Aischa hatte zu den guten Dingen gehört. Nun fühlte sich Ludwig so verlassen wie nie in seinem Leben. Dieses Gefühl schmerzte mehr als seine Beine, mehr als die Schnittwunden, mehr als die Schläge des Ungeheuers. Als das erste Dämmerlicht über die Berge auf die Alm fiel, wußte er, daß Aischa nicht zurückkehren würde. Kolja quorckte hinter ihm. Der letzte Gefährte. Ludwig kam auf die Beine. Das Haus war nicht weit. Ludwig wußte, das Ungeheuer war immer noch nah. Er wollte leben. Als die Sonne hinter dem ersten Gipfel erschien, lief Ludwig auf das Haus des Alten zu.

Nein!

Jojo hörte ihn zuerst. Er sprang mit spitzem Kreischen aus dem Bett, zur Tür, vor der Ludwig beharrlich wartete. Tonio war glücklich, Jojo spielte vor Begeisterung verrückt. Er krakeelte in allen Tonlagen, hüpfte um das Wollschwein herum und überschlug sich vor Freude. Ein alter Freund war zurückgekehrt! Über dem Haus quorckte Kolja. Er flatterte auf einen Holzstoß herunter und wartete. In Tonios Freude, Ludwig und Kolja lebend wiederzusehen, mischte sich Angst. Wo war Aischa?

«Sie geht bestimmt mit dem Wolf», sagte Leo. Er holte einen alten Rucksack aus dem Schrank und nahm seine Flinte von der Wand.

«Ich leg eine falsche Fährte für die Jäger. Du bleibst da. Wenn sie kommen, die Wölf, mußt sie verscheuchen, hörst? Verscheuchen mußt du sie!»

Tonio nickte. Der «Löwe» schulterte Gewehr und Rucksack und öffnete die Tür.

«Auf Mittag bin ich zurück. Er wird kommen, der Rüde, wie jeden Tag. Mit deiner Wölfin. Aber du mußt sie verscheuchen. Das Haus ist eine Zielscheibe!»

Stangassinger war schon ein paar Stunden fort, als der Wolf kam. Tonio sah ihn schon von weitem. Aischa war nicht bei ihm. Tonio stand vor dem Haus und verhielt sich ganz still. Der Wolf kam nah an das Haus heran, hielt sich aber auf sicherem Abstand. Tonio überlegte. Wie sollte er ihn verscheuchen?

Im Zirkus hatte er etwas gelernt: Wenn du Angst hast, tu das Gegenteil von dem, was du am liebsten tun würdest! Jetzt schrie alles in ihm: Weglaufen! Also ging er langsam auf den Wolf zu.

Der Wolf duckte sich sprungbereit und wich einen Schritt zurück. Tonio kam näher. Der Wolf hätte ihm jetzt leicht mit einem Satz an die Kehle springen können.

«Lauf weg!» flüsterte Tonio.

Er hörte ein Klicken dicht hinter sich.

«Geh zur Seite, Dummkopf!»

Das war Tonios Vater!

«Los, mach! Ich hab ihn genau im Visier!»

Der Wolf spannte seine Muskeln zum Sprung. Wenn ich zur Seite gehe, dachte Tonio, ist er in der nächsten Sekunde tot. Aber wenn er stehenblieb, konnte es ihn selbst treffen.

«Beweg dich, Kleiner!»

«Nein!» Tonio blieb stehen und spürte ein Zittern in den Händen.

«Du kleiner Mistkerl!» fluchte sein Vater. Er stieß den Jungen brutal mit dem Fuß zur Seite, Tonio fiel vornüber. Ein Schuß. Tonio sah, wie der Wolf, wie von einer Feder geschnellt, zur Seite sprang. Hinter ihm schrie Bondi plötzlich auf. Als Tonio sich umdrehte, sah er seinen Vater auf dem Rücken liegen, die Arme schützend über dem Gesicht, und auf ihm stand Aischa, wild wie eine losgelassene Furie. Wütend verbiß sie sich in einen Arm.

«Hilf mir, Tonio! Um Himmels willen, hilf mir!»

Tonio rührte sich nicht.

«Aaaahhh! Das Biest bringt mich um! Tonio!»

«Aischa!» Es klang nicht wie ein Befehl. Fast wie eine Bitte. Die Wölfin ließ von Bondi ab. Sie erkannte Tonio, zögerte Sekunden, dann sprang sie davon und lief dem Wolf entgegen, der in sicherer Entfernung auf sie wartete.

Bondi gab nicht auf. Wie besessen von der Idee zu töten, hangelte er mit dem blutigen Arm nach seinem Gewehr, lud neu durch, legte auf die fliehende Wölfin an. Tonio packte Bondis Arm und riß das Gewehr mit aller Kraft nach oben.

«Killer!»

Bondi schlug Tonio mit der Faust ins Gesicht, so daß

der Junge zur Seite flog, und legte dann ein drittes Mal an. Aischa und ihr Gefährte liefen längst außer Schußweite.

«Schieß, und du bist der nächste!» Der Alte stand ruhig hinter Bondi und zielte mit seinem uralten Schießprügel genau auf ihn. Bondi gehorchte nicht. Stangassinger schoß. Sand und Matsch spritzte Zentimeter neben Bondi auf.

«Also?»

Bondi ließ das Gewehr fallen und drehte sich um. Jetzt sah er den Alten und hinter ihm sah er Dauser, der seinen Hund auf dem Arm trug.

«Hättst ihn umlegen sollen, Stangassinger!» zischte Dauser. «Dieses Schwein!»

Es geht weiter

Bis der Hubschrauber kam, erzählte Leo, wie er Dauser und seinen angeschossenen Hund gefesselt im Wald gefunden hatte, als er die falsche Fährte legte. Dausers Hund hatte viel Blut verloren. Ohne den «Löwen» wäre er gestorben. Das wußte auch Dauser.

Der Bergwachthubschrauber brachte die beiden Jäger ins Tal. Bondi wurde sofort verhaftet.

Tonio blieb noch einen ganzen Tag bei dem «Löwen». Der Alte wußte, warum. Er führte Tonio am nächsten Tag zu einer Stelle, die er gut kannte. Ein großer, flacher Stein, der frei in der Sonne lag.

«Sein Lieblingsplatz», sagte der Alte.

Tatsächlich: Auf dem Stein lagen der fremde Wolf und Aischa dicht beieinander in der Sonne, als wären sie schon seit Ewigkeiten ein Paar. Tonio schlich an den Stein heran. Aischa sprang auf und lief auf den Jungen zu.

«Mein Silberstern», sagte Tonio zärtlich, streichelte und liebkoste die Wölfin. Aischa leckte sein Gesicht und seine Hände, dann wandte sie sich um und lief mit ihrem Gefährten davon, ohne sich einmal umzudrehen.

«Mein Silberstern», flüsterte Tonio. Das war das letzte Mal, daß Tonio Aischa sah.

Kolja schloß sich den beiden Wölfen an. Tonio hatte gehofft, der schwarze Vogel bliebe bei ihm, aber Leo hatte ihm erklärt, wie sehr Raben und Wölfe zusammengehörten. Das gefiel Tonio.

Tonio trennte sich traurigen Herzens auch von Ludwig. Er wollte ihn nicht mit zurück in die Gefangenschaft des Zirkus nehmen. Beim «Löwen» war er besser aufgehoben als irgendwo sonst auf der Welt. Jojo, dem Kobold, fiel die Trennung besonders schwer, aber als der gelbe Hubschrauber kam, entschied er sich für den Jungen und klammerte sich fest an ihn.

Ein kurzer Abschied. Der Hubschrauber mußte noch vor Einbruch der Dunkelheit wieder im Tal sein. Tonio versprach dem «Löwen», ihn zu besuchen. Er hielt dieses Versprechen und kam jedes Jahr im Spätsommer.

Erst im Hubschrauber begriff er richtig, daß er ja nun der einzige war, der in den trostlosen Zirkus zurückkehren mußte. Die vergangenen Tage mit ihren Anstrengungen und Todesängsten um die Freunde erschienen ihm besser und weniger furchtbar als die Heimkehr zu Malinka. Wenigstens der kleine aufgekratzte Jojo war bei ihm.

Am Landeplatz erwartete ihn Fantoccini mit einer unglaublichen Nachricht. Bondi, oder vielmehr Karl Bondek, hatte ihn nur adoptiert. Seine Eltern waren damals bei einem Autounfall gestorben. Dauser hatte das bei der Polizei ausgesagt.

«Dein Vater wird für eine Weile im Gefängnis verschwinden», sagte Fantoccini. «Noch wegen ein paar anderen Sachen, die jetzt rausgekommen sind.»

Tonio nickte. Erleichtert und niedergeschlagen zugleich. Er entging dem Zorn seines «Vaters». Aber jetzt hatte er auch kein Zuhause mehr. Gar keins.

«Und du?» fragte er den Zauberer. «Warum bist du noch nicht weg?»

«Weil ich auf dich gewartet habe!»

«Auf mich? Warum?»

«Du bist nicht vielleicht auf den Kopf gefallen, da oben in den Bergen, hm? Ich geh doch nicht ohne dich! Also, willst du mit mir kommen? Du kannst viel lernen.»

«Ja!» schrie Tonio. «Jojo, du kommst mit!»

Und das Leben begann.

Mario Giordano

I tre del circo
Drei vom Zirkus
Un'avventura in tedesco e italiano

Italiano di   Revisione di
Paola Niccolaioni   Maria Gazzetti

Illustrazioni di Heinz Spohr

Rowohlt

Ringrazio per il suo appoggio Cristoph Promberger, della «wildbiologischen Gesellschaft» di Monaco. Grazie a lui ho imparato molto su lupi e corvi, molto più di quanto sia riuscito a raccontare nel libro. Ringrazio anche Sylvia Brandis che mi ha parlato dei suoi due porcellini a pelo lungo. Tutto quello che sa su questi interessanti animali lo potremo presto leggere nel suo libro.

Per
Francesca Ferrari,
Bologna
e per tutti i bambini
italiani e tedeschi
che amano gli animali e
l'avventura

Indice

Aiscia

Gli animali erano molto agitati. Dietro le sbarre il mondo cambiava. Eccitati correvano, scalpitavano, svolazzavano nelle gabbie.

Il cielo era limpido e dal Sud soffiava un vento caldo dalle montagne fin giù nella valle dove si trovava il tendone, scioglieva l'ultima neve, ridava vigore ai fili d'erba sotto, stanchi del lungo inverno, e spargeva nell'aria un profumo nuovo di pietre asciugate, di fiori selvatici e un po' di mare, era il profumo della libertà.

Aiscia lo respirava avidamente. Se ne stava là rigida. Il pelo della nuca si arruffava ad ogni colpo di vento che la sfiorava. Il vento le accarezzava il naso. Si allontanava un attimo per poi affrettarsi a tornare. Scompigliava la segatura ammuffita e cercava di trascinare Aiscia fuori dalla gabbia dove si poteva correre. Aiscia si immaginava come sarebbe stato: correre! Cacciare! In questo solo pensiero era racchiusa tutta la felicità del mondo.

Aiscia, una lupa adulta dall'ottimo olfatto, avrebbe potuto avere adesso un aspetto bello e fiero, e invece faceva pena. Il pelo grigio era opaco e infeltrito, in alcuni punti logoro e incrostato di sangue. Le zampe erano esili, quella posteriore sinistra leggermente malferma. Sporcizia era appiccicata alla coda, puzzava ed era così magra che le si potevano contare le costole. Su Aiscia si era abbattuta una grande disgrazia, una disgrazia di nome Carlo Bondi.

Ludovico

In mezzo alla pista c'era una casetta in fiamme. Sul tetto stava accucciata una scimmietta che gridava in preda al panico. Un porcellino bianco e marrone a pelo lungo correva in pista. Gli avevano legato in testa un lampeggiatore rosso.

«Hopp, farabutto, o ci penso io a farti muovere!»
La voce del mostro. Ah, come la conosceva bene quella voce, Ludovico! E anche se non capiva il significato delle parole, sapeva benissimo quello che pretendeva da lui.

Per Ludovico il mondo era un confuso, turbolento miscuglio di cose buone e cattive. Riusciva ad orientarcisi solo grazie a quel particolare istinto di cui sono provvisti i suini. Questo istinto sicuro divideva il mondo in buono e cattivo. Tutto quello che si poteva mangiare, per esempio, era buono. Il fuoco invece era di sicuro cattivo. Per niente al mondo si sarebbe avvicinato al fuoco.

84

La frusta gli schioccò vicino alle orecchie. Ludovico squittì forte, il cuore in tumulto.

«Avanti, muoviti!» gridò Bondi. «Va a prendere quella maledetta scimmia!»

Ludovico era fuori di sé dalla paura. Da una parte c'era il fuoco in agguato, dall'altra il mostro. La frusta schioccava malefica nell'aria. Ludovico non riuscì più a controllare il panico e fuggì dalla pista. Fu un errore.

Veloce come un lampo il mostro gli venne addosso e cominciò a colpirlo.

«Devi andare verso la casa!» urlò Bondi e giù colpi con la frusta di cuoio. «E ci andrai, anche se a suon di frustate!»

«Babbo, no!» Un ragazzo pallido, ma atletico e ben allenato, si precipitò sulla pista. Spense il gas e immediatamente la casetta smise di bruciare. La scimmietta saltò a terra, corse verso al ragazzo e gli si abbarbicò addosso. Il ragazzo si aggrappò al braccio di Bondi che stava per picchiare il porcellino.

«Accidenti Tonio, levati di torno!» Bondi cercò di scuotersi il ragazzo dal braccio. Ma Tonio era forte, non mollava la presa. Alla fine il domatore gli diede un tale strattone che il ragazzo piombò violentemente sul terreno erboso. Fece un capitombolo e si rialzò subito.

«Smettila di fare storie!» disse Bondi. «Sto provando il nuovo numero: ‹Il porcello-pompiere›. Divertente da morire, ma questo stupido porcello non lo vuol capire.»

«Per forza! Fuoco e botte!»

«Non ti intromettere nel mio lavoro, chiaro?» lo rimbrottò Bondi «E poi, che sei venuto a fare qui? Hai già pulito le gabbie?»

«C'è un uomo del villaggio che ti vuol parlare.»

«Che uomo?»

«Non lo so.»

«E perché non se ne occupa Memo?»

«Ha detto che ci devi parlare tu.»

«Memo è uno scansafatiche!» Imprecando Bondi uscì a passi pesanti dalla pista. «Occupati tu del porcello e della scimmia.»

Tonio

Tonio portò Ludovico fuori dal tendone. Jojò, la scimmietta, gli saltellava sulle spalle schiamazzando sollevata. Tonio respirò l'aria mite di aprile. Magnifico! Strano, ma per chissà quale motivo era contento. Era eccitato. Perché? Sentiva un certo formicolìo al naso, nell'aria c'era odore di cambiamento e avventura. Tonio sentiva che gli animali erano inquieti, succederà qualcosa, pensò.

Tonio. Otto anni. I capelli corti, biondi gli incorniciavano il volto pallido dagli occhi verde mare. Sorrideva raramente, parlava poco, solo quando era con gli animali lo si sentiva ridere.

Aveva il passo leggermente elastico, avvertiva la forza e la tensione dei muscoli delle gambe diventate lunghe a forza di camminare e nuotare. Poteva nuotare e camminare senza sosta, saltava da fermo fino al cielo e sapeva fare un doppio salto mortale. I suoi movimenti erano dolci e misurati, più che camminare pareva danzasse. Tutto in lui era pieno di forza, l'acrobata ideale.

Tonio si guardò intorno. Alcuni operai stavano facendo la pausa di pranzo e gli accennarono un saluto. Due di loro provavano un nuovo numero da giocoliere. Dietro il carrozzone Raja, l'elefante, tirava le catena, soffiava e barriva, pestando con le zampe. Anche lui avvertiva qualcosa di strano.

Tonio mise Ludovico nel recinto dei lama e degli asini. I lama e gli asini non facevano nessun numero. Erano là come una specie di zoo da carezzare durante le pause. Chiunque volesse, poteva, pagando una piccola somma, entrare nel loro recinto e toccarli. Ogni giorno essere accarezzati, palpati e strapazzati da infinite mani sconosciute. A Tonio il solo pensiero faceva venire i brividi.

Era questa la vita degli animali del circo Malinka: gli uni venivano picchiati da suo padre, gli altri tormentati dai visitatori. Cibo non ce n'era più già da giorni, solo avanzi. E non c'era via di scampo, né per gli animali, né per Tonio.

Il buon umore gli passò. Prese il sacco di carote che aveva rubato ad un contadino del villaggio, dette una carota a Jojò e rovesciò il resto nel recinto. Non si sentiva la coscienza sporca per aver rubato. In fondo ne andava della sopravvivenza.

Kolia

«Crraaack!» Da un picchetto del tendone Kolia fece sentire la sua voce.

«Non temere, non mi sono dimenticato di te!» disse Tonio.

Il corvo controllò attento che la sua porzione fosse sufficientemente abbondante e poi, tutto contento, sbatté le ali lunghe e snelle.

Kolia era l'unico animale del circo che non veniva rinchiuso in gabbia. Per Tonio era l'animale più bello in assoluto e gli invidiava l'abilità nel volare. Quando Kolia si levava in volo, Tonio tratteneva il fiato contemplando le ampie volte che tracciava nel cielo, per poi chiudere improvvisamente le ali e lanciarsi giù in picchiata, fino ad interrompere la caduta con un improvviso colpo d'ala. Quanto avrebbe voluto ammirare la campagna volando al suo fianco. Via! Anche rimanere è più facile, se si ha la possibilità di volare via, pensò.

Il corvo era grande. L'apertura d'ala misurava il doppio delle braccia di Tonio. Kolia si era unito al circo quando era ancora giovane e da allora lo aveva sempre seguito. Era libero. Veniva e se ne volava via a suo piacimento.

Il padre di Tonio gli dava del «pennuto scroccone» e lo avrebbe ben ucciso all'istante se solo avesse capito qualcosa di corvi, cioè se avesse saputo che il corvo non accompagnava il circo ma il lupo.

Kolia seguiva un istinto atavico che gli ordinava di

rimanere vicino al lupo. Gli parlava la voce di tutte le precedenti generazioni di corvi. Quella voce era così forte da fargli addirittura rinunciare alla compagnia di altri corvi.

Sotto il suo sguardo attento Tonio estrasse dalla tasca dei pantaloni un pezzo di pancetta e glielo porse. In un lampo Kolia gli beccò la leccornia dalla mano e con un colpo d'ali era di nuovo nell'aria.

«Buon appetito!» gli gridò dietro Tonio. «Le persone educate ringraziano!» Jojò schiamazzò approvando.

«E questo vale anche per te, sapientone!» lo rimbeccò il ragazzo.

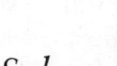

Sola

Aiscia andava su e giù per la gabbia. Una nostalgia improvvisa non le dava pace. Il vento caldo aveva risvegliato in lei ricordi di una realtà mai vissuta. Come era possibile? Non conosceva altro che il tendone e la gabbia. Perché si ricordava proprio adesso di enormi pianure che profumavano d'erba? Perché improvvisamente fiutava altri lupi? Da dove le veniva questo desiderio ardente di cacciare, di rincorrere una preda e ucciderla con un morso? E perché si sentiva improvvisamente così terribilmente sola come fosse l'ultimo lupo sulla terra?

Qualcosa le salì prepotentemente dentro. Il corpo debole e ferito si irrigidì, gettò indietro la testa, spalancò le fauci... e ululò! In quell'ululato c'era tutto il suo dolore, la sua nostalgia, la passione e l'immensa solitudine che non sopportava più. Quell'ululato voleva dire: «Io sono qui e se c'è ancora un lupo in questo mondo, allora che venga! Che venga a prendermi!»

Il mago

Tonio stava davanti alla gabbia.

«Che cos'hai, stella d'argento?» chiese.

«Il richiamo della natura», disse una voce familiare.

Fantoccini. Era sempre così. All'improvviso te lo trovavi dietro alto, magro, le mani enormi. Non te ne accorgevi mai.

Giuseppe Fantoccini! L'illusionista! Il mago! Uno, due, tre e voilà! Fantoccini esaudisce ogni tuo desiderio! Un'escursione su Giove? Niente di più facile! Uno, due, tre e sfrecci attraverso l'universo in un razzo d'argento su una scia di fuoco. Un pesce dai riflessi verdeviolarossoblu? Uno, due e tre, girati, appenditi alle pinne e lasciati cullare dalle sue canzoni! Questo era Fantoccini, l'unico amico di Tonio.

«Deve andarsene da qui», disse Fantoccini. «Un lupo deve cacciare e fondare un branco.»

«Mio padre non la lascerà mai andare! Mai!»

«Lo so», sospirò Fantoccini. «Lo so.»

«Ma che ne sarà di lei se rimane qui?»

«Morirà», disse Fantoccini. «Di fame e di solitudine.»

Il mostro

«So perfettamente quello che faccio.» Bondi si avvicinò al suo ospite. «Anni di esperienza, capisce?»

L'ospite si agitò a disagio sulla seggiola. Quell'angustia, nel carrozzone! Si sbatteva dappertutto. E poi l'aria soffocante! Si sentiva già la fronte imperlata di sudore.

Bondi indossava dei vecchi pantaloni di tessuto grezzo e una maglietta sporca. Era basso ma pieno di muscoli che guizzavano ad ogni movimento. Aveva sulle braccia tatuaggi di animali feroci e parecchie cicatrici. Bondi si accorse dello sguardo del suo ospite e sorrise.

«Il domatore risveglia le capacità addormentate degli animali», attaccò con tono teatrale. «E per far questo occorre talento, esperienza e polso!» Bondi strinse il pugno e mise in mostra i muscoli. «Se capite cosa intendo.»

Il sindaco annuì. «Ma il lupo...» obiettò «Voglio dire, se succedesse qualcosa...»

«Non si preoccupi!» tuonò Bondi. «Le gabbie sono sicure e se proprio dovesse succedere qualcosa, c'è pur sempre questo qui!» Andò all'armadio e ne tirò fuori un fucile.

«Ce l'ho ancora da quando ero in Africa. Elefanti, leoni, rinoceronti quello che vuole. Ho ammazzato di tutto con questo qui!»

Controllò l'arma, la caricò, puntò sopra la testa del sindaco – e sparò.

Il sindaco trasalì come se l'avessero picchiato. All'improvviso era sbiancato. Rivoletti di sudore gli scendevano lungo le guance rotonde, l'uomo grasso ansimava.

«Naturalmente è carico durante lo spettacolo», disse Bondi freddamente rimettendo a posto il fucile. «Non manco mai il bersaglio. Questo è certo.

Tempo di sognare

La banda tintinnava una marcia stonata. Riflettori rossi, verdi e gialli incrociavano i loro fasci di luce, emanando una luce spettrale, una luce che faceva paura. Aiscia la odiava. Saltava da una pedana all'altra, si manteneva in equilibrio su una trave e saltava attraverso un cerchio di fuoco. E dappertutto schioccava la frusta di Bondi.

Se esitava, le arrivava un colpo, tagliente e doloroso.

Bondi stava in piedi, tronfio, in mezzo alla gabbia. Indossava un completo da caccia marrone chiaro, con un cappello floscio come nei film.

Aiscia odiava il mostro con tutta se stessa. Ma allo stesso tempo lo temeva come nient'altro al mondo. Gli ringhiava, ma non andava oltre. Attaccarlo frontalmente non osava e Bondi non era mai così stupido da voltarle le spalle.

Ludovico entrò di corsa nella gabbia. Gli avevano dipinto il grugno di rosso, messo in testa un cappellino di merletta e l'avevano legato dietro a un carretto. Il pubblico sbraitava dalle risate. Ludovico corse verso Aiscia ma invece di sbranarlo montò docile come un agnellino sul carretto e si lasciò portar fuori dalla pista.

Alla fine Ludovico dovette fare un giro della pista camminando sulle gambe posteriori, cosa che ogni volta gli causava forti dolori, e camminare su una corda tesa. In realtà le corde erano due, messe una accanto all'altra. Ma anche così l'esercizio richiedeva l'incredibile abilità di Ludovico nel mettere una zampa avanti all'altra con la cautela di chi cammina su una lastra di ghiaccio sottile. Ogni volta che arrivava dall'altra parte era sempre vicino al collasso.

La gabbia fu smontata ed entrarono in pista gli acrobati, fra cui Tonio che si esibì in una serie di salti mortali e piroette, in un numero sulla fune e infine ultimo in una piramide umana portava la piccola figlia di Memo sulle spalle. Gli applausi erano sempre entusiastici.

Dopo entrò in scena Fantoccini! Le luci si spensero. Un solo riflettore seguiva tutti i suoi movimenti. Da dietro il sipario Tonio affascinato osservava tutto attentamente. Aveva un sospetto.

Fantoccini indossava degli eleganti pantaloni neri perfettamente stirati ed un maglione a collo alto che metteva ancora più in risalto le sue braccia magre. Allargò le braccia e con le lunghe mani eseguì dei movimenti misteriosi. Simili ad uccelli. Era giunto il momento di sognare.

Una pioggia di banconote cadde sugli spettatori, ma quando questi cercavano di afferrarle, Fantoccini soffiava leggermente e le banconote si dileguavano nell'aria.

Un attimo di oscurità e voilà... Ecco Fantoccini vestito sontuosamente da principe orientale. Accanto a lui Raja, l'elefante!

Un attimo di oscurità e voilà... Fantoccini in completo beige, sigaretta accesa, appoggiato ad una macchina sportiva mozzafiato.

«La regalo. C'è qualcuno che la vuole?»

Ma prima che qualcuno potesse urlare «Sì!» un attimo di oscurità e Fantoccini era scomparso. Di lui erano rimasti solo il maglione e i pantaloni.

«Bè, se nessuno la vuole...» dissero maglione e pantaloni e poi, come mossi da una mano misteriosa, si girarono, si inchinarono e addirittura conclusero il numero annodandosi.

Fantoccini appariva e scompariva a suo piacimento. Senza spostarsi di un millimetro dal proprio posto riusciva a prendere in mano le borse e gli orologi degli spettatori. Conosceva il numero di telefono di chiunque gli venisse nominato. Stava davanti ad un grosso specchio ma la sua immagine riflessa si muoveva per conto proprio e infine scompariva.

«Ragazzo mio, quell'uomo vale tanto oro quanto pesa!» disse piano Memo sbirciando attraverso la tenda.

«Ma come fa?» sussurrò Tonio col fiato mozzo.

«Non ne ho la più pallida idea!» disse Memo. «Trucchi, nient'altro che trucchi!»

Questo lo diceva anche Fantoccini ma Tonio non ci credeva affatto.

Assetati di sangue

La musica fuori arrivava attutita e stranamente irreale. Nell'oscurità stavano due uomini.

«Bondi dice che è tutto sotto controllo», bisbigliò il sindaco.

«Balle! Il lupo è un pericolo per tutti!» sibilò l'altro. «Solo un lupo morto è un buon lupo!»

«Eh sì, ma che si può fare?»

«Sparargli!» rispose freddo l'altro. «Non sarebbe affatto male, una vera caccia al lupo!»

«Ma se sta in gabbia!» bibigliò il sindaco. «A che scopo sparargli?»

«Se dovesse scappare, per esempio, allora bisognerebbe sparargli, no?»

«Ma Bondi dice che non scappa.»

«Piantala con questo Bondi!» l'uomo alzò la voce «Chissà, forse un lucchetto del genere può anche aprirsi da solo, per caso. Capisci... Il lupo scappa e poi...» L'altro uomo fece il movimento di puntare un fucile. «Qualcosa di diverso da questo schifo di circo, no?»

«Cosa?» Il sindaco continuava a non capire.

«Ma sì, dai, sparare a un lupo! A un vero lupo!»

Una strana coppia

Aiscia se ne stava sdraiata con la testa appoggiata sulle zampe e ascoltava attentamente i rumori della notte. Le orecchie si drizzavano ad ogni minimo rumore. Aspettava.

In alcuni carrozzoni la luce era ancora accesa e portate dal vento le arrivavano a tratti voci attutite. Sentì Raja, irrequieto, pestare le zampe. Un po' più in là crepitava affaticato il vecchio generatore di corrente. Aiscia avvertì l'odore del diesel, dietro di sé quello della segatura puzzolente, davanti quello dell'erba appena risvegliata e umida, e più in là quello dei lama, degli asini, degli escrementi freschi di Raja. E accanto a sé l'odore di Ludovico.

Erano cresciuti insieme. Ludovico aveva un odore diverso, un aspetto diverso e si muoveva anche in modo diverso, ma le era ormai familiare e poi avevano un nemico in comune: il mostro.

Ludovico grugnì e ansimò nel sonno. Aiscia si volse di nuovo ad ascoltare la notte. Là fuori qualcosa stava accadendo. Sebbene non potesse vedere o sentire niente, il suo sesto senso le diceva che le stava per succedere qualcosa. Aiscia ringhiò piano e aspettò.

Solo mezz'ora

«Gli animali sono così irrequieti», disse Tonio. Dalla finestra del carrozzone Tonio scrutava l'oscurità.

«È questo maledetto vento!» rispose suo padre insaponandosi i muscoli. «Tutte le volte che soffia vento caldo impazziscono. Sentono la primavera!» Scoppiò in una risata cattiva.

Nel carrozzone c'era un'opprimente mancanza di spazio. Armadi, letti, gabinetto, lavandino, fornello, tutto era ammucchiato lungo le pareti. Nel mezzo c'era appena lo spazio sufficiente per passare. Sul retro c'era il lettino di Tonio con sopra appese foto e poster, immagini di acrobati in volo e attori di film d'avventura.

Sopra il letto opposto invece erano appese foto di animali selvatici: leoni, elefanti, orsi e illustrazioni di fucili. Bondi si vantava spesso dei tempi d'oro quando andava a caccia grossa in Africa. Tonio sapeva che erano tutte bugie. Quello di Bondi era solo un sogno cattivo: il sogno di uccidere.

«Che cos'hai cucinato?» Bondi annusò mentre si asciugava.

«Patate arrosto.»

«Come, niente carne?» Bondi si avvicinò di malumore.

«Anche cotolette e salsicce.»

«Ah, volevo ben dire!» brontolò Bondi. «E speriamo che non le abbia bruciate come al solito!»

Si sedette al tavolo, senza parlare si servì un pezzo di carne e patate e cominciò a mangiare avidamente.

«Siediti e mangia!» ordinò masticando.

«Non ho fame», disse Tonio. «Vorrei uscire un attimo.»

«Non vorrai mica andare da Fantoccini?»

«No» mentì Tonio. «Voglio andare a vedere Aiscia.»

«Quella bestiaccia!» imprecò Bondi mostrando il pastone che aveva in bocca. «Fa la difficile. Oggi ha persino osato ringhiarmi. A me! Ho dovuto dargliele per farla obbedire! Bestiaccia ipocrita!»

Tonio ripensò alle parole di Fantoccini. Gli bastava

guardare suo padre per non dubitare che avesse ragione. Se fosse rimasta, Aiscia sarebbe sicuramente morta. Si doveva fare qualcosa.

«Allora io vado.» Tonio era già alla porta.

«Non da Fantoccini, capito?» minacciò Bondi. «Fra mezz'ora torni a casa. Lava i piatti, metti in ordine e poi di filato a letto! Chiaro?»

Tonio annuì e sgusciò fuori.

«Non da Fantoccini!» gli urlò dietro suo padre.

«Ma va' al diavolo» disse piano Tonio una volta fuori. Un giorno sarebbe riuscito a dirlo forte. Un giorno.

Si avvicinava.

Ludovico, anche lui ormai completamente sveglio, fremeva per l'agitazione. Aiscia se ne stava in mezzo alla gabbia, le zampe rigide divaricate. Teneva la testa abbassata come se si aspettasse un attacco.

ERA lì, fuori, e le si avvicinava. Qualunque cosa fosse, buona o cattiva, ormai era molto vicina.

Fantoccini lo aspettava già.

«Cominciamo» disse. «Domanda numero uno!»

Era il loro gioco serale. Tonio veniva di nascosto per una mezz'ora e poteva fare tutte le domande che voleva. Ma proprio tutte!

Perché la maionese si chiama così? Come si fa il vetro? Perché i pomodori sono rossi? Come si fa ad infilare il dentifricio nei tubetti? Come fanno gli areoplani a volare? Dove si trova la Birmania? Che cos'è un soprosso? Come fa la panna a montare? Che cos'è la corrente?

E Fantoccini rispondeva. A tutte.

Tonio attendeva con ansia questa mezz'ora. Il mondo era un immenso scatolone e tutte le meraviglie della terra vi stavano dentro disposte in ordine. Qualunque cosa volesse, Fantoccini gliela tirava fuori e gliela mostrava. Fantoccini non esitava mai. Soprattutto: non mentiva mai!

«Che c'è?» Fantoccini lo scosse. Tonio, lo sguardo perso nella notte, sobbalzò.

«Sta succedendo qualcosa» disse.

Fantoccini annuì. «Tu lo senti, sei come gli animali. Anch'io lo sento.» Esitava.

«Tonio... io lascio il circo.»

«Cosa?» gridò Tonio. »Te ne vuoi andare?»

«Sì» disse Fantoccini. «Non rimango a lungo in nessun luogo. Con Malinka sono già due anni. È ora di andare.»

«Perché?»

«Tu conosci il mio numero. Appaio e scompaio. È il mio trucco.»

Tonio lottava contro le lacrime.

«Il tuo trucco! Tutti vanno e vengono come vogliono! Tu, Kolia, tutti! Solo io e gli animali dobbiamo restare! Noi non potremo mai andarcene via. Ti odio!» Balzò in piedi e corse verso la porta. «Sei come mio padre!»

Tonio si precipitò fuori dal carrozzone, all'aperto. Fantoccini non lo trattenne. La porta si chiuse e rimase solo.

Fuggiti

Se ne accorse uno degli operai la mattina presto, tornando da fare i propri bisogni. L'urlo svegliò immediatamente tutti quelli del circo.

Tonio fu uno dei primi a precipitarsi alla gabbia. Il cancello era spalancato, il lucchetto era sull'erba. Aiscia e Ludovico spariti!

Bondi, a torso nudo davanti alla gabbia, smaniava e urlava, fuori di sé. Controllò il lucchetto.

«Non è stato forzato!» urlò. In un attimo si buttò fra la gente e afferrò Tonio per i capelli.

«Piccolo farabutto!» gli urlò. «Sei stato tu! Tu lo hai liberato!» E gli scosse la testa così violentemente che dovettero mettersi in mezzo Memo, il direttore e due acrobati.

Gianni, uno dei clown, si fece avanti e con un filo di ferro si mise ad armeggiare col lucchetto che si aprì di scatto. Il clown lo diede a Biondi.

«Non ci vuole niente!» disse. «Può farlo chiunque.»

Venne frugato ogni angolo attorno al tendone, senza successo. Di Aiscia e Ludovico nessuna traccia.

Tonio prese parte alle ricerche con sentimenti contrastanti. Era contento della fuga ma allo stesso tempo si sentiva un nodo alla gola. Solo il giorno prima Fantoccini gli aveva rivelato che se ne sarebbe andato, e oggi già perdeva altri due amici.

Ma Tonio si sbagliava. Gli amici erano tre.

Della scomparsa di Kolia si accorse solo al momento di dargli da mangiare. Lo chiamò, allettante, lo cercò in tutti i suoi posti preferiti, ma il corvo era introvabile.

Tonio scrutò verso le montagne. Mura possenti, immobili e ostili. I pendii erano ricoperti di boschi fino a metà dalla cima. Poi solo neve e roccia nuda. I tre avrebbero potuto essere lì ovunque.

«Dobbiamo catturarli.» disse Memo.

«Catturarli?» Bondi rise amaro «Un lupo? Buona fortuna!» E se ne tornò al carrozzone. «Non si può catturare un lupo!»

Tonio, sconfitto, si accucciò sull'erba umida. Vicino a lui Jojò giocava con il lucchetto e il fil di ferro di Gianni. Il lucchetto all'improvviso si spalancò, Jojò strepitò tutto orgoglioso.

«Ehi!» disse Tonio. «Come hai fatto? Sta' attento a non farlo vedere a mio padre!»

Arrivarono con le auto sullo spiazzale del circo, circondarono il tendone. Ne scesero circa venti uomini, armati.

«Accidenti» disse Memo. «Come hanno fatto a saperlo così presto?»

Gli uomini si divisero in due gruppi e controllarono tendone e carrozzoni.

Il sindaco, accompagnato da un uomo vestito da caccia con un cane, si avvicinò a Memo.

«Dov'è il lupo?» domandò l'uomo vestito da caccia.

«Il signor Drusi, dell'amministrazione forestale», si affrettò a presentarlo il sindaco.

«Come fate a sapere…» attaccò Memo, ma Drusi lo interruppe.

«Qui le domande le faccio io: dov'è il lupo?»

«Aiscia è innocua!» si intromise Tonio «Non farebbe male ad una mosca!»

«Stupidaggini!» imprecò Drusi senza degnare Tonio di uno sguardo. «Un lupo non è mai innocuo!»

«Aiscia è fin troppo furba», disse Fantoccini. «E vigliacca come tutti i lupi. Eviterà gli uomini come fossero una malattia contagiosa.»

«Che ne sa proprio Lei di lupi?»

«E Lei?» gli rispose calmo Fantoccini.

«Io ho già… Ah, cosa perdo tempo in chiacchiere, mentre qui intorno si aggira un lupo!» urlò Drusi. Gli uomini intorno a lui annuirono d'accordo.

«Allora», disse il sindaco asciugandosi il sudore dalla fronte. «Il consiglio comunale ha deciso che il lupo deve essere abbattuto.»

«Ma è contro la legge!» disse Fantoccini.

«Non in caso di estremo pericolo!», dichiarò il sindaco.

«Hanno ragione loro!»

Tutti si voltarono. Bondi, vestito da caccia grossa e con il cappello floscio, si stava avvicinando. Sulle spalle aveva uno zaino pieno zeppo e in mano il fucile.

«Aiscia è un pericolo mortale. Deve morire.»

Tre in fuga

Sotto di lui la campagna. Volava in alto lasciandosi trasportare dalle correnti ora sopra i boschi, poi giù rasente le rocce. Vedeva gli alberi, la grande strada in fondo alla valle, i piccoli sentieri che attraverso il bosco si inerpicavano su per le montagne, le case sparpagliate e il piccolo villaggio sull'altro lato della valle. Un paio di volte vide altri corvi senza però curarsene. Scoprì impertinenti topolini che, quando la sua ombra li coprì, corsero fischiando a rintanarsi nelle loro tane. E vide il lupo e il porcellino.

Avevano corso tutta la notte. Aiscia aveva solo brandelli di ricordi. La porta si era aperta all'improvviso. Aveva esitato un attimo e poi con un balzo era saltata fuori. A testa bassa, tesa per la paura, aveva annusato l'aria in tutte le direzioni. Poi era corsa via.

Finalmente poteva correre! E corse! Sempre avanti! Lontano dal mostro! Un forza nuova la invadeva, come il primo sole estivo. La gioia era in ogni muscolo che sentiva, com'era leggera! Volava! Senza un rumore correva sfrenata verso il bosco. Era il vento del sud, il respiro del bosco, era un argenteo raggio lunare.

Ludovico le teneva dietro come meglio poteva.

Un gracchiare improvviso. Aiscia guardò in alto e vide Kolia che volava in circolo sopra di lei. Con il muso allora diede una leggera spinta nel fianco a Ludovico. Più veloce, Ludovico, più veloce!

Per tutto il giorno seguirono il corvo che sembrava

non avere una meta precisa. Talvolta volava molto in là, lasciandoli indietro e tornava a prenderli dopo un po'. Ma l'istinto suggeriva a Aiscia che la via del corvo doveva essere anche la sua.

Placavano la sete in pozzanghere di neve sciolta anche se l'acqua gelida faceva male ai loro stomaci vuoti. L'aria era calda. Evitavano strade e aggiravano case e villaggi. Solo una volta saccheggiarono un bidone colmo di immondizie.

Kolia becchettò quanto gli bastasse, ma per Aiscia e Ludovico non c'era abbastanza. Poi via di nuovo! Più lontano! Senza sosta, sebbene entrambi fossero stremati dallo sforzo. Il mostro li inseguiva. Sapevano che li stava cercando.

La sfida

«Dunque Lei è il famoso cacciatore!»

Drusi, in piedi davanti a Bondi, fece un sorrisetto. Il suo sguardo tradiva arroganza e un odio profondo per tutti gli esseri viventi. Bondi soffocò la tentazione di ucciderlo su due piedi.

Drusi si sedette tranquillamente nella sua jeep e fumò

una sigaretta. Aspettava. Il lupo poteva essere dappertutto. Ad un certo punto squillò la ricetrasmittente. Veloce come un lampo Drusi sollevò il ricevitore e ascoltò
attentamente.

«Bene… Dove esattamente? Hmm… sì, so dov'è.»
Riappese.

«Li teniamo!» disse eccitato. Aprì una cartina e indicò
un punto a circa dieci chilometri di distanza. «Ecco, qui
hanno razziato un bidone della spazzatura. Quelli della
casa se la sono fatta addosso dalla paura!» Rise. «Salga su,
grande cacciatore, adesso viene il bello!»

Sofferenza

Kolia si manteneva a nordest. Aiscia era prudente abbastanza da non seguirlo in linea retta ma facendo ampi giri.
Un vecchio trucco dei lupi.

Erano stremati. I polmoni che bruciavano, le zampe
doloranti che si rifiutavano di proseguire. La sensazione
di leggerezza della notte si era dissolta. Aiscia aveva la
zampa sinistra malata che la tormentava. Gli ultimi chilometri li aveva fatti zoppicando.

Dalla cima degli alberi li raggiunse un fruscio di foglie.
Era Kolia che si metteva comodo fra i rami.

Aiscia ispezionò attento il posto dove avevano deciso
di fare una pausa. Li circondava una fitta boscaglia e non

si sentiva odore di uomini. Abbastanza sicuro, dunque. Aiscia si lasciò cadere sul terreno umido e chiuse gli occhi.

Fu sommersa da una marea di visioni e un nuovo bisogno cominciò a prendere forma. Lo stomaco le doleva per la fame e la neve sciolta che aveva bevuto. Si rese conto che presto avrebbe dovuto fare qualcosa che non aveva mai fatto prima: uccidere.

Aiscia avvertì il calore del corpo di Ludovico che le giaceva accanto. Aveva bisogno di Ludovico, così come lui di lei. Era sicura che solo insieme sarebbero riusciti a sfuggire al mostro.

Il trucco di Fantoccini

Suo padre lo aveva rinchiuso a chiave. Come gli animali, pensò Tonio, ma quello non era il problema. In qualche modo sarebbe riuscito a uscire. In tutta fretta riempì lo zaino. Il tempo stringeva.

La porta del carrozzone si aprì, come se non fosse stata chiusa a chiave, ed entrò Fantoccini. Tonio non ne fu minimamente sorpreso.

«Era ora!» si limitò a dire, mettendosi in spalla lo

zaino. Schiamazzando Jojò saltò giù dallo scaffale e gli si arrampicò addosso.

«Io li seguo.»

Fantoccini scosse il capo. «Da solo? Con tutto il vantaggio che hanno accumulato con le auto? Non hai speranze.»

«Ce la faccio!» disse Tonio caparbio. «E non credere che venga a chiederti aiuto!»

«Non mi passerebbe mai per la mente!» Disse Fantoccini e sorrise leggermente. «Volevo solo farti un regalo di addio.»

A Tonio si formò un groppo in gola.

«Come?… Già?»

«Penso che ti potrà tornar utile adesso. Chiudi gli occhi!»

Senza ribattere Toni ubbidì, e Fantoccini lo girò da una parte.

«Conta fino a venti e poi apri gli occhi. Ma non prima!»

E Tonio contò.

«Uno, due, tre…» Chissà che cos'era! …«quattro, cinque, sei»… Speriamo qualcosa di non ingombrante, lo zaino pesava già abbastanza… «sette, otto…» Da qualche parte scorreva dell'acqua. «nove, dieci…» Il vento gli accarezzò le guance «…undici, dodici…» Il vento? Nel carrozzone?

Due contro tutti

Ludovico sognava. Sognava cose buone, dal sapore di patate e di barbabietole. Ma sognava anche cose cattive, un'ombra, che onnipotente e minacciosa attraversava i suoi brevi sogni. Sognava il mostro.

Al circo Ludovico era riuscito a sviluppare la particolare abilità di mantenersi il più possibile fuori della sua portata. Riusciva sempre a capire quello che il mostro voleva da lui prima che una pioggia di colpi gli si abbattesse addosso. Aveva anche intuito subito che il mostro nutriva una paura segreta nei confronti del lupo. Aiscia dal canto suo aveva capito che Ludovico possedeva un sesto senso che gli permetteva di evitare le botte. Lo osservava sempre attentamente, gli rimaneva vicino, perchè dove stava Ludovico anche lei era al sicuro. In questo modo la lupa e il porcellino erano diventati una coppia affiatata. Compagni di sventura.

Scoperti!

Giunti al bidone della spazzatura si divisero a gruppi di due. A ciascun gruppo Drusi consegnò un walkie-talkie. Adesso era lui che dava gli ordini e questo a Bondi non garbava per niente. Proprio per niente. Senza contare poi le sue allusioni.

«Già data la caccia ad un lupo?»

Bondi l'avrebbe strangolato.

«Lo vedrà fra poco!» ansimò.

Ma Drusi non si curava di lui. Esplorava continuamente il terreno. Si concentrava specialmente sui punti umidi e melmosi.

«Bestiacce astute!» disse, «Una volta sono stato in Romania, invitato ad una partita di caccia. Che bei tempi! Lupi là ce ne sono a bizzeffe, mi creda! Un paradiso, ma non per i lupi!» E rise alla propria battuta. «Otto ne ho abbattuti, otto! Sono furbi. Se non stai assolutamente attento ti circondano e scompaiono. Possono...»

Si fermò di scatto lasciando a mezzo la frase. Bondi seguì il suo sguardo puntato verso l'alto e vide il corvo. Volava in cerchio sopra il tratto finale di una pista da sci all'inizio del bosco.

«Lupi e corvi vanno sempre insieme», mormorò Drusi. Improvvisamente afferrò Bondi per il braccio e lo trascinò nella direzione del corvo. «Venga!»

Adesso anche il corvo li aveva visti. Volò verso di loro, poi d'un tratto cambiò direzione allontanandosi precipitosamente. Giunto dove prima volava in cerchio si lanciò in picchiata, risalì, ridiscese, risalì, fece uscire una cascata di trilli, gracchii e fischi. Sembrava impazzito.

«Li sta avvertendo! Avanti, sbrighiamoci!» incitò Drusi. I due corsero verso il bosco. Il cane di Drusi tirava frenetico il guinzaglio.

Al margine del bosco si fermarono al riparo degli alberi e videro che il corvo volava via. Davanti a loro la radura era vuota. Drusi tolse la sicura al fucile e uscì con circospezione dal bosco. Bondi lo seguì. Presero allora ad ispezionare il terreno ancora più meticolosamente.

Lo sguardo di Bondi si fermò in un luogo melmoso, privo di erba. Si chinò e osservò il punto attentamente. Nel fango era rimasta impressa l'orma di un zampa. Più in là scoprì le impronte di piccoli zoccoli.

«Eccoli.» Drusi prese la ricetrasmittente.

Bondi annuì. «E sono molto vicini!»

Il naso dell'esploratore

Se Kolia non li avesse avvertiti sarebbe stata la fine. Per un instante Aiscia aveva avvertito la presenza del mostro. Il branco di uomini era alle loro calcagne!

Aiscia e Ludovico corsero via con rinnovata energia. La folta vegetazione nascondeva spesso Kolia. Aiscia doveva cercare punti in cui i pini fossero più radi per poter scorgere il corvo.

A questo punto Ludovico prese il comando. Fino ad allora aveva seguito Aiscia incondizionatamente.

Ora avvertiva quanto esitasse e si sentisse insicura. E avvertiva anche la vicinanza mortale del mostro che li incalzava.

Ludovico confidava nel proprio naso e, senza un attimo di esitazione, imboccò una direzione precisa. Gli faceva male tutto il corpo. La fame lo tormentava a morte, assassina. Ma lui voleva vivere. Vivere apparteneva alle cose buone e da quando si era reso conto di essere al mondo non voleva che questo: vivere! Finora c'era sempre riuscito. E non voleva assolutamente cambiare!

Un po' di vantaggio

«...diciotto, diciannove...» Tonio esitò. Che cosa avrebbe visto? Il vento gli passava fra i capelli e in lontananza il mormorìo dell'acqua.

«Venti! Aprì gli occhi. Era all'aperto! Per un attimo ebbe come una vertigine e barcollò.

«Oh Madonna!»

Era in piedi su una rupe che dava su una gola lunga e stretta, larga forse cinque o sei metri, calcolò Tonio. Troppo per poter saltare dall'altra parte. Tonio si sporse con cautela e guardò giù. Ripide e scoscese, le rocce precitavano in basso per circa un centinaio di metri. Pochi, temerari arbusti stavano abbarbicati colle radici, tra le fessure della roccia. In basso spumeggiava un torrente impetuoso che sotto una nube di schiuma si scavava un alveo fra i massi. Un burrone! Si trovava sul ciglio di un burrone! Fu preso dal panico. Dov'era Fantoccini? Si guardò intorno ma non lo vide da nessuna parte. Di colpo capì. Il regalo di addio di Fantoccini! Il suo segreto! Roba da non credere!

Calma! Tonio si costrinse a riflettere. L' inseguimento! Fantoccini aveva in qualche modo voluto aiutarlo a recuperare il vantaggio degli altri. Un'idea che aveva dell'incredibile, ma non sembrava esserci altra spiegazione.

Tonio si concentrò maggiormente. Se le sue supposizioni erano esatte, allora i cacciatori doveva trovarsi dietro di lui, e gli animali davanti. Ma dove era davanti e dove dietro?

«Tu che ne pensi, Jojò?»

La scimmietta si lanciò in una serie inarticolata di suoni, gesticolando eccitata sul ciglio del burrone verso la direzione da cui scendeva il torrente. Non la smetteva più di ciarlare.

«Va bene, va bene, fanfarone!» Tonio interruppe lo sproloquio. «Ho capito!»

Strinse la cinta dello zaino e si mise a seguire l'orlo del dirupo. Con lo sguardo controllava il terreno e il bosco da entrambi i lati della gola. Era sicuro che presto si sarebbe imbattuto o nei cacciatori o nelle tracce dei due animali.

Divertimento da morire

Avanzavano nel bosco restando a portata di voce. Troppo rumore, troppo movimento, pensava Bondi, ma intuiva le intenzioni di Drusi. Non si trattava solo dell'abbattimento. La morte non era che il coronamento di un lungo, crudele rituale da celebrarsi in ogni particolare. Spingevano il lupo in avanti, per sfinirlo. Il lupo era affamato ed indebolito. Non avrebbe retto a lungo alla spietata persecuzione.

«Mi domando com'è che non troviamo nessun cadavere di maiale.» si stupì Drusi. «O forse avete tirato su il lupo a cereali e insalate, Bondek?»

Bondi ingoiò l'insulto. Non domandò neppure come faceva Drusi a conoscere il suo vero nome: Karl Bondek. Drusi sapeva molte cose, forse troppe. Ragione in più per rimanergli vicino. Una battuta di caccia come questa era pericolosa. Non poteva succedere una disgrazia?

Il cammino terminò all'orlo del precipizio. Non c'era un ponte e le pareti erano troppo ripide per scendere. Drusi divise la compagnia in due gruppi. Uno doveva seguire il corso del fiume, l'altro risalirlo.

Bondi, Drusi e altri due cacciatori cominciarono a costeggiare il burrone in fila indiana. Drusi dava quasi l'impressione di riuscire a fiutare la preda. Esortava gli altri ad affrettarsi ed ispezionava il terreno con attenzione ancora maggiore.

Il grande numero

Ci mancò poco che Tonio non si accorgesse di suo padre e dei cacciatori, tanto era assorto a osservare quello che accadeva sotto, nella gola.

Ai lati del torrente si era formata una striscia sottile di detriti e pietruzze, che l'acqua non arrivava a lambire. In quel punto la roccia aveva formato una specie di tunnel che dall'alto permetteva la vista della striscia di detriti solo a coloro che si trovassero sul ciglio opposto.

Proprio su questa cintura friabile, così stretta che persino Tonio vi sarebbe scivolato, procedevano ora Ludovico e Aiscia, risalendo il corso del fiume.

Come nel suo numero al circo, Ludovico metteva con cautela una zampa davanti all'altra, controllando la stabilità di ogni pietra prima di arrischiarsi a procedere. Aiscia lo seguiva, mettendo le zampe esattamente nei punti da cui era passato Ludovico. Un solo passo falso e il torrente, senza pietà, li avrebbe trascinati a valle.

Tonio strisciò fino al ciglio del precipizio, soffocando l'impulso di chiamare i suoi due amici. Ogni sorpresa o spavento avrebbe costituito per i due là sotto un pericolo mortale, senza contare che un po' più avanti, dall'altro lato del burrone, Tonio vide emergere dal bosco suo padre e Drusi. Si appiattì sul terreno roccioso e non si mosse.

Attraverso il sottile strato di muschio la roccia gli feriva le ginocchia. Centimetro dopo centimetro Tonio strisciò indietro. Quei pochi metri fino al riparo nella oscurità del bosco sembravano senza fine, come la traversata di un deserto. Adesso distingueva già chiaramente il volto di suo padre, che sembrava aver scoperto qualcosa sul versante opposto. Lo aveva visto? Ancora un centimetro. Con il piede urtò contro il primo albero. Tonio dovette trattenersi dal balzare in piedi. Lentamente si rialzò e si rannicchiò dietro un albero.

In linea d'aria i cacciatori si trovavano esattamente sopra Ludovico e Aiscia ma niente indicava che se ne fossero accorti. Tonio stava già tirando un sospiro di sollievo quando suo padre indicò in alto. Kolia. Appena si accorse dei cacciatori il corvo volò via. Poi tutto successe in un attimo. Bondi imbracciò il fucile, tolse la sicura, caricò, puntò, prese la mira e premette il grilletto. Lo sparo fu come una martellata, l' eco rimbombò per tutta la gola. Kolia era sparito.

Tonio non si rese conto né che dall'altra parte Drusi, furibondo e agitato, se la prendeva con suo padre, né che i cacciatori proseguivano. Immobile restava accucciato dietro l'albero, con un unico pensiero che gli martellava la testa: che ne era di Kolia? Che ne era di Aiscia e Ludovico?

Solo molto tempo dopo che i cacciatori si erano allontanati trovò il coraggio di riaffacciarsi sul burrone. Di Aiscia e Ludovico non c'era traccia.

Se erano precipitati nel fiume, allora non c'era speranza. Se però avevano proseguito, allora doveva passare dall'altra parte. Gli animali infatti potevano trovarsi solo di là, perchè il torrente non era da attraversare. Ma dall'altra parte della gola si poteva arrivare in un solo modo.

Tonio costeggiò il burrone finché non trovò il posto adatto. Su entrambi i lati il bosco retrocedeva, le rocce erano piatte e gli opposti versanti separati da non più di quattro metri. Sembrava facilissimo, ma Tonio sapeva esattamente che sbagliare anche di un solo centimetro poteva significare la morte. Era sicuro però di farcela.

Prima gettò lo zaino dall'altra parte. Poi si inoltrò nel bosco, fin dove il terreno divenne troppo molle. Il tratto davanti a lui era solido e in salita. Doveva essere veloce. Veloce abbastanza. Non doveva spiccare il salto né un centimetro prima né, soprattutto, un centimetro dopo. Tonio stirò i muscoli, come prima di entrare in scena. Sì, questa era la sua entrata in scena! Mancava solo il pubblico. Quattro metri. I muscoli erano elastici ma forti. Aveva il batticuore. Sempre questa maledetta febbre della ribalta! Forse solo tre metri e mezzo? Era lo stesso. Tonio pensò alla desolante vita del circo e a Bondi, suo padre. A Jojò non aveva bisogno di dare spiegazioni: Jojò era un artista eccezionale, e sapeva sempre qual era il momento di andare in scena. La scimmietta si aggrappò alla schiena di Tonio, senza essergli di intralcio. Nessun movimento. Poi Tonio spiccò la corsa.

Resistere!

Nella gola era risuonato il sibilo di una frusta invisibile, furiosa e piena di odio per aver mancato il bersaglio.

Il mostro era esattamente sopra di loro. Al momento dello scoppio Ludovico aveva pensato che fosse giunta la fine. Quando però si rese conto che la morte lo aveva risparmiato, e che anche Aiscia era ancora viva, allora per la prima volta gli passò per la testa l'idea che forse il mostro non era poi onnipotente.

Sebbene fosse facile spaventarlo, Ludovico non era un tipo ipersensibile. Proseguì caparbio la strada che aveva scelto. Anche Aiscia si riscosse dal terrore che l'aveva paralizzato e lo seguì.

Risalirono un ripido sentiero che li portò fuori dalla gola che ormai a Ludovico non sembrava più sufficientemente sicura. Da lì era tutto in salita, attraverso bassi boschi carsici e verdi pascoli. Del loro amico pennuto nessuna traccia.

Si diressero verso la montagna. Il paesaggio diventava sempre più roccioso e impervio e sempre più spesso dovevano attraversare ampi tratti coperti di neve. Un percorso terribile per due animali stremati.

Improvvisamente Aiscia dette l'allarme. Anche il sensibilissimo naso di Ludovico aveva avvertito l'odore che, come un velo lacerato e sbattuto dal vento, pendeva dai rami. I cacciatori erano passati di lì.

Da quel momento in poi Aiscia impresse un certo angolo alla direzione di Ludovico. Ludovico capì.

Insieme costituivano una bussola perfetta, che con sicurezza li dirigeva secondo un ampio raggio al di fuori della portata dei cacciatori. Se le forze avessero retto, avrebbero in questo modo potuto attraversare le montagne e guadagnare un vantaggio tale che il mostro non sarebbe più riuscito a trovarli. Se avessero retto!

Senza pietà

Enrico Drusi era di pessimo umore. Prima di tutto a causa dello sparo di quell'idiota di Bondi, e poi perché avevano perso la pista. Si trovavano al di là della linea di alberi. Il tempo reggeva ancora ma dalle valli cominciavano già a montare i primi banchi di nubi. La pioggia o una nevicata poteva cancellare tutte le orme.

«Se solo mi fossi immaginato quel che aveva in mente, le avrei prima sparato!» La delusione faceva ribollire Drusi di rabbia.

«Lei non capisce proprio niente, accidenti!» ribatté Bondi. «Senza il corvo adesso corrono in cerchio, totalmente privi di orientamento.»

«Ah sì? E allora dove sono adesso – grande cacciatore Bondek?»

«Ma possono solo essere dietro di noi, accidenti! Altrimenti avremmo già trovato le loro tracce.»

«E allora torniamo indietro!» comandò Drusi –

Gli altri due cacciatori, appoggiati esausti ai fucili, sbigottirono: quella non era una battuta di caccia, era una maratona! Drusi e Bondi avevano iniziato a discendere la montagna di corsa, come se fossero ai campionati del mondo.

«Max, Gigi, voi tornate indietro dove abbiamo trovato le ultime impronte!» ordinò Drusi. «Io e Bondi torniamo lateralmente verso la gola.»

Il vantaggio si riduce

Volava! Tutti i sogni che aveva fatto contemplando Kolia si avveravano. Toccava quasi il cielo! Sarebbe stato invincibile per tutta la vita!

Già quando aveva spiccato il salto si era reso conto che ce l'avrebbe fatta, anche se all'ultimo minuto il piede gli era scivolato lievemente sul terreno sabbioso. Durante il volo aveva gettato tutto il peso in avanti per poter arrivare dall'altra parte con maggior superficie del corpo. Neanche per un attimo aveva pensato di potersi ferire.

Ora era atterrato dall'altra parte della gola e gemeva. Aveva urtato con il piede contro un mucchio di pietre. Il piede si era storto malamente e in pochi secondi si era gonfiato come un pallone che adesso pulsava dolorosamente.

Tonio pensava di esserselo rotto, ma si rassicurò un po' quando vide che riusciva a poggiarlo a terra. Ce l'aveva fatta! Jojò si comportava come la più grande star del circo, dimenandosi e gesticolando – gioia di scimmia!

Tonio raccolse lo zaino e si avviò zoppicando. Aveva perso molto del vantaggio dovuto alla magia di Fantoccini.

L'unica cosa che sapeva era che doveva andare avanti, ma dove? Lo aiutò Jojò. La scimmietta, che al circo stava tutto il giorno con Ludovico, gli scese dalle spalle e corse in avanti. Sapeva esattamente dove il porcellino si sarebbe diretto. Tonio represse il dolore e iniziò la salita.

Carne

Aiscia e Ludovici adesso dovevano fermarsi più spesso. La montagna li respingeva prepotentemente verso la valle, e la loro resistenza diventava ogni minuto più debole. Con l'altezza aumentava sensibilmente anche il freddo ed era una fortuna che Ludovico avesse ancora la sua pelliccia invernale di lana infeltrita.

Trovarono una piccola grotta. Lattine arrugginite rivelavano che molto tempo prima c'erano stati degli uomini. Ma non scovarono niente da mangiare. Delusa, Aiscia uscì di nuovo dalla caverna. Lì vide il cervo.

Gigantesco, un magnifico maschio adulto con le corna a dodici palchi, uno che aveva vissuto, che conosceva tutti i trucchi e tutte le finte. In corpo aveva ancora una vecchia pallottola di Drusi. La sentiva ancora, specialmente quando il tempo, come quel giorno, cambiava all'improvviso, Tutti conoscevano il suo territorio, ma con l'inizio della stagione di caccia il gigante diventava invisibile. Per i cacciatori era una leggenda che si raccontava a tavola nelle osterie dei dintorni. Per Aiscia adesso era la speranza.

Il cervo sembrava completamente ignaro, pago della propria forza. Solo cinquanta metri li separavano. Il vento era favorevole, e per questo non si era accorto di lei.

Era il momento. Aiscia sapeva che cosa doveva fare, e non esitò un istante. Chiamò a raccolta tutte le forze che le erano rimaste e a balzi possenti si lanciò verso il cervo. Puntava alla gola.

Aiscia non aveva mai cacciato, per cui non era in grado di capire l'inutilità del suo attacco. Aveva quasi raggiunto il cervo, quando questi si girò e si accorse della lupa. Con incredibile calma abbassò le corna enormi e senza il minimo sforzo, come si fosse trattato di un insetto fastidioso, alzò Aiscia scaraventandola lontano da sé. Aiscia andò a sbattere contro le rocce, ma si rialzò subito. Azzardò un nuovo tentativo. Per quanto cercasse di aggirarlo però, il cervo riusciva sempre a tenerla a bada con le sue corna che lo proteggevano. Poi il cervo andò all'attacco cercando di infilzarla con le corna. Questa strana danza continuò forse mezz'ora, poi Aiscia rinunciò. Era alla fine.

Disperata, si trascinò fino alla grotta, da Ludovico, si gettò a terra e aspettò la morte.

Ma la morte non venne. Al suo posto venne la pioggia.

Sopra la valle si erano addensate per tutto il giorno le nubi. Verso sera il fitto grigiore assorbì anche l'ultimo barlume di luce, inghiottendo la terra. Il cielo si aprì e un fulmine si abbattè sulla roccia. Si udì un rimbombo, come se un pugno avesse frantumato la cima della montagna, e contemporaneamente dalle nubi si riversò un oceano d'acqua. La notte passò così.

Ma temporale e pioggia si dileguarono come un brutto sogno. Aiscia e Ludovico furono svegliati da un rumore familiare. Nella foschia mattutina, su una roccia davanti alla grotta, c'era Kolia, che gracchiava contento. In qualche modo era riuscito a trovarli. E aveva trovato anche qualcos'altro: carne.

La capra giaceva lì vicino, colpita nella notte da un fulmine. Senza tanti complimenti Aiscia cominciò a divorare la carne, e così fecero anche Kolia e Ludovico.

La carne della capra era pura energia. Aiscia sentiva la vita riaffluire. Mangiò fino a non poterne più. Tutti e tre si sentivano fantasticamente.

Ma il posto era pericoloso. Altri corvi avevano scoperto il cadavere, attirandosi dietro l'intera famiglia e li si poteva vedere da chilometri di distanza. Aiscia abbandonò il posto e proseguì. Kolia era già in volo, a indicar loro la strada. Là in alto sulle rocce, dove non crescevano più alberi, riprese lui il comando e li guidò oltre le montagne.

Vicino alla salvezza

Tonio e Jojò avevano trascorso la notte su una stretta sporgenza rocciosa. Il freddo, il temporale e il martellare al piede non aveva lasciato dormire Tonio.

In silenzio fecero colazione con gli ultimi resti del salame e della barra di cioccolato che Tonio si era portato dietro e poi ripresero il cammino. Ogni passo era un tormento.

Verso mezzogiorno Tonio trovò quello che Aiscia, Ludovico e il corvo avevano lasciato della capra. Stava per mettersi a cercare delle tracce intorno, quando udì l'elicottero. Come un insetto giallo l'apparecchio di soccorso alpino sorvolava la montagna. Il secco rumore delle eliche si sparse per tutta la valle, rimbombando contro le rocce. Sembrava che venisse da tutte le direzioni.

L'elicottero si diresse verso di lui. Senza pensare al piede dolorante, Tonio si lanciò a quattro zampe lungo la ripida parete rocciosa. Temeva che gli uomini del soccorso alpino lo avrebbero riportato al circo. Trovò la grotta appena in tempo.

«Accidenti a questo rumore!» imprecò Drusi. «Imbecilli!» Con lo sguardo seguì l'elicottero fino a che non scomparve dalla vista. Quando si girò di nuovo verso Bondi, si trovò davanti la bocca del suo fucile.

«È giunto il momento di separarsi» disse Bondi.

«Che significa?»

«Significa che io continuo la caccia al lupo da solo. Lei torna indietro, Drusi!»

«È matto? Senza di me è perduto! Io so tutto di lei, Bondek, ho preso le mie informazioni. Il ragazzo verrà a sapere ogni cosa! Per esempio, quello che è successo ai suoi genitori!»

Bondi non si scompose.

«Metta via il fucile» disse. «Ma lentamente! Si appoggi là, contro quell'albero!»

Il cane di Drusi ringhiò contro Bondi.

«Bondi, guardi che le aizzo contro il cane! La farà a pezzettini!»

«Contro l'albero!» disse Bondi e puntò contro il cane.

Con cautela Tonio strisciò fuori della grotta. Adesso si lasciava guidare da Jojò, perché tracce non ce ne erano più. Su per un sentiero di capre, più stretto delle spalle di Tonio, aggirarono il fianco sud della montagna. Là anche lui udì lo sparo. Tonio si addossò alla roccia con tutto il corpo, come se la volesse abbracciare. Lo sparo gli rimbombò addosso, quasi volesse strapparlo via dalle rocce. A Tonio si strinse la gola. Aiscia! Con uno sforzo ricominciò a salire la montagna, procedendo di fianco come un granchio. Jojò gli si abbarbicò sulla schiena, dove rimase in silenzio. Un passo falso sarebbe stata la morte sicura per entrambi.

Cominciava già a fare buio quando, dall'altra parte della montagna, il sentiero divenne più ampio e sicuro. Davanti a loro si apriva un ampio pascolo. In mezzo vi era una vecchia casetta, costruita secondo il tipico stile alpino, una di quelle case in grado di sopportare la neve di un lungo inverno. Un sottile filo di fumo rivelava che era abitata.

Un odore familiare

Al riparo di una buca Aiscia osservava la casa già da ore. Si era fatto scuro e due finestre della casa a un piano erano illuminate. Che cos'era che la tratteneva vicino a quella casa?

Giunti al pascolo avevano visto degli animali che alla loro vista erano scappati. Un uomo era uscito dalla casa, svelto aveva portato gli animali nella stalla e poi era rimasto a lungo in piedi davanti all'uscio.

Quella casa attirava Aiscia, ma allo stesso tempo le incuteva una grossa paura. L'uomo laggiù sapeva della sua presenza.

Nella notte tutti i sensi di Aiscia erano all'erta. Il corpo giaceva nella buca, ma la sua capacità sensoriale si espandeva, spaziando sul pascolo fino a raggiungere la casa. Adesso Aiscia sapeva che cosa la tratteneva: di lì era passato un lupo; un ultimo ricordo del suo odore aleggiava ancora sulle pareti di legno. Un brivido le attraversò il corpo. Un lupo! Non era sola!

Il leone

Il vecchio non si era stupito neppure per un attimo. Dette a Tonio e Jojò patate e latte, fasciò con fare esperto il piede e tacque. Tonio, che non riusciva a reggere il suo sguardo, si guardò attorno nella stanza dal soffitto basso. Il vecchio non possedeva molto, solo lo stretto necessario ormai consunto dall'uso. Gli unici oggetti moderni erano una piccola radio e un pesante fucile appeso alla parete. Il vecchio se ne stava seduto calmo. Forte e abbronzato, barbuto come il primo essere umano, gli occhi chiari dallo sguardo acuto e una pipa quanto lui vecchia fra i denti, taceva. Tonio aveva deciso di non dire niente a nessun costo, ma non riuscì a sopportare l'eternità di quel silenzio.

»Io non sono un cacciatore!» sbottò.

Il vecchio annuì.

«Lo so.» disse in un dialetto che Tonio capì a malapena. «Tu cerchi il lupo.»

«Ma come…?»

«È stato qui oggi, durante il giorno.» raccontò il vecchio. «Non sono riuscito a vederlo, ma che era qui lo so con certezza.»

«Lo devo trovare!» implorò Tonio. «Altrimenti mio padre o Drusi lo uccideranno!»

A sentire il nome di Drusi il volto del vecchio si rabbuiò.

«Drusi!» ringhiò. «Quel demonio! Avrei dovuto immaginarmelo. Bon, mi son Leopoldo Predolin, ma puoi chiamarmi Leo, ragazzo. Giù nella valle mi chiamano «Leone»! Lo sanno loro perchè.»

«Io mi chiamo Tonio. Ma cosa…?»

In quell'istante si sentì un ululato. Un lupo! Un altro gli fece eco.

«Li senti, i lupi?» domandò il vecchio Predolin. «Sono soli. Uno si aggira da queste parti già da un paio di settimane. Due capre m'ha ammazzato. Che ci posso fare? Così è la vita. Ora tutti i giorni gli lascio fuori qualcosa, e lui se la viene a prendere, il furbacchione! Eh sì, all'inizio dell'anno qualche volta i lupi arrivano fin qui, attraverso il confine. In fondo non è poi così lontano. Allora, ragazzo, adesso raccontami un po' di te e del tuo lupo là fuori, poi domani vedremo che fare.»

Il tono era amichevole, ma deciso. Tonio raccontò la

sua storia e il vecchio ascoltò attentamente, senza interromperlo. Quando finì, Leo gli raccontò di sé, degli inverni solitari sul pascolo, degli animali che aveva salvato da morte sicura nella valle: cavalli azzoppati, cani che avevano morso il padrone e che lì potevano riscaldarsi in pace le zampe, gatti, un asino cieco e un paio di capre. Leo non amava particolarmente gli esseri umani. Con quelli della valle il vecchio testardo aveva sempre avuto qualcosa da ridire, mentre lassù con gli animali se ne viveva in pace. La voce del «Leone» era profonda e monotona e scacciava la paura. Scomparsa l'ultima traccia di timore, arrivò il sonno.

Addio

Quando udì l'ululato del lupo, Aiscia ne ebbe la certezza: da qualche parte là fuori nella notte c'era un altro essere come lei. E doveva andare da lui. Aiscia si alzò, gettò indietro la testa e ululò. Il lupo rispose.

Improvvisamente l'ululato si interruppe. Nonostante la fatica degli ultimi giorni Aiscia sembrava d'un tratto grande e forte. Gli occhi le splendevano, la bocca era leggermente aperta. Ludovico la guardava ansioso. All'improvviso Aiscia fece un passo verso di lui, gli diede un leggera spinta con il muso e poi, scavalcatolo con un salto, sparì nella notte.

Quella notte Ludovico non dormì. Lo tennero sveglio il freddo e la nostalgia di Aiscia. Aiscia era appartenuta alle cose buone della vita. Ora Ludovico si sentiva abbandonato come mai prima in vita sua. Questo sentimento faceva più male, più delle gambe, più delle ferite, più ancora delle botte del mostro. Quando le prime luci dell'alba illuminarono il pascolo, Ludovico capì che Aiscia non sarebbe più tornata.

Dietro di lui gracchiò Kolia, l'ultimo comagno. Ludovico si tirò su. La casa non era lontana, e il mostro era ancora vicino. Lui voleva vivere. Quando il sole spuntò da dietro le prime cime Ludovico si diresse verso la casa del vecchio.

No!

Per primo lo sentì Jojò. Lanciando strilli acuti si lanciò giù dal letto verso la porta dove Ludovico attendeva con insistenza. Tonio era felice, ma Jojò addirittura pazzo di gioia. Schiamazzava in tutte le tonalità, saltava dappertutto intorno al porcellino e faceva balzi di felicità. Un vecchio amico era ritornato!

Sopra la casa gracchiava Kolia. Si appollaiò su una catasta di legno e aspettò. Alla felicità di Tonio nel rivedere sani e salvi i due amici si mischiò la paura: dov'era Aiscia?

«Sicuramente lei è con il lupo.» disse Leo. Tirò il vecchio zaino fuori dall'armadio e prese il fucile dalla parete.

«Vado a mettere una falsa pista per i cacciatori. Tu rimani qui. Quando vengono i lupi li devi scacciare, hai capito? Li devi scacciare!»

Tonio annuì. Il leone si mise zaino e fucile in spalla e aprì la porta.

«A mezzogiorno sono di ritorno. Verrà il lupo, come ogni giorno, e verrà con la tua lupa. Ma tu li devi scacciare. La casa è un bersaglio!»

Predolin era via già da un paio d'ore quando il lupo arrivò. Tonio lo aveva visto già da lontano, ma Aiscia non era con lui. Tonio si mise in piedi davanti alla casa, e rimase in silenzio. Il lupo si avvicinò alla casa, mantenendosi però sempre a distanza di sicurezza. Tonio rifletté. Come avrebbe fatto a scacciarlo?

Al circo aveva imparato una cosa: se hai paura, fa' esattamente l'opposto di quello che ti verrebbe voglia di fare! In quel momento ogni muscolo in lui reclamava la fuga, e allora lui cominciò lentamente ad avvicinarsi al lupo.

Il lupo si accucciò, pronto al balzo, e fece un passo indietro. Tonio continuò ad avvicinarsi. A questo punto con un solo balzo il lupo avrebbe potuto facilmente saltargli alla gola.

«Scappa!» sussurrò Tonio.

Dietro di sé udì uno scatto.

«Fatti da parte, stupido!»

Era suo padre!

«Avanti, spostati! Ce l'ho proprio nel mirino!»

Il lupo tese i muscoli per il salto. Se mi sposto, pensò Tonio, è spacciato.

Se però rimaneva fermo, era lui a poter essere colpito.

«Muoviti, ragazzo!»

«No!» Tonio, le mani tremanti, rimase fermo.

«Piccolo farabutto!» imprecò suo padre. Con un calcio lo spinse brutalmente da parte. Tonio cadde in avanti. Uno sparo. Tonio vide il lupo che, come una molla, saltava di lato. Dietro di lui all'improvviso Bondi lanciò un urlo. Quando Tonio si girò vide suo padre che giaceva per terra, un braccio sollevato a difendere il volto, sopra di lui Aiscia, scatenata come un vera furia della vendetta. Inferocita gli affondava i denti nel braccio.

«Aiutami, Tonio! Per l'amor del cielo, aiutami!»

Tonio non si mosse.

«Aaaaahh! Mi ammazza! Tonio!»

«Aiscia!» Non aveva il tono di un ordine. Era quasi una preghiera. La lupa lasciò andare Bondi. Riconosciuto Tonio, esitò alcuni secondi, poi balzò via e corse verso il lupo, che l'aspettava a distanza di sicurezza.

Bondi non si dette per vinto. Ossessionato dall'idea di uccidere, con il braccio sanguinante agguantò il fucile, caricò e puntò contro la lupa in fuga. Tonio gli afferrò il braccio e con tutta la forza spinse l'arma verso l'alto.

«Assassino!»

Bondi colpì Tonio in faccia con un pugno, facendolo volare da un lato, e prese per la terza volta la mira. Aiscia e il suo compagno erano però già fuori mira.

«Provati a sparare e tocca a te!» Il vecchio se ne stava tranquillo dietro a Bondi e gli teneva il suo schioppo puntato contro. Bondi non ubbidì. Predolin sparò. A pochi centimetri da Bondi schizzarono in aria sabbia e fango.

«Allora?»

Bondi lasciò cadere il fucile, si girò e vide il vecchio. Dietro di lui c'era Drusi che in braccio portava il cane.

«Avresti dovuto ammazzarlo, Predolin!» sibilò Drusi. «Questo bastardo!»

La vita continua

Fino a quando non arrivò l'elicottero Leo raccontò come, mentre preparava la falsa pista, avesse trovato Drusi legato nel bosco con il cane ferito dalla pallottola. Il cane aveva perso molto sangue e senza il «Leone» sarebbe sicuramente morto. Questo lo sapeva anche Drusi.

L'elicottero del soccorso alpino trasportò a valle i due cacciatori. Bondi fu immediatamente arrestato.

Tonio rimase ancora un giorno dal «Leone». Il vecchio sapeva perché e il giorno seguente condusse Tonio in un luogo che conosceva bene. Un grande masso piatto, esposto al sole.

«Il suo posto preferito.» disse.

Infatti: sul masso, sdraiati l'uno accanto all'altro, come una vecchia coppia Aiscia e il lupo si riscaldavano al sole. Con cautela Tonio si avvicinò al masso. Aiscia balzò in piedi e gli andò incontro.

«La mia stella d'argento!» disse Tonio dolcemente, accarezzando teneramente la lupa. Aiscia gli leccò il volto e le mani poi si girò e corse via assieme al suo compagno, senza voltarsi indietro neanche una volta.

«La mia stella d'argento», sussurrò ancora Tonio. Quella fu l'ultima volta che vide Aiscia.

Kolia si unì ai due lupi. Tonio aveva sperato che l'uccello rimanesse con lui, ma Leo gli aveva spiegato lo stretto legame che univa corvi e lupi. A Tonio la spiegazione era piaciuta.

Con il cuore pesante Tonio si separò da Ludovico. Non voleva riportarlo indietro nella prigione del circo e dal «Leone» sarebbe stato trattato meglio che in qualsiasi altro luogo della terra. A Jojò, il buffone, questa separazione risultò particolarmente difficile ma all'arrivo dell' elicottero giallo si decise per il ragazzo e gli si aggrappò stretto stretto.

Fu un rapido addio. L'elicottero doveva far ritorno a valle prima del calar della sera. Tonio promise al «Leone» di tornare a trovarlo. Mantenne la promessa tornando ogni anno alla fine dell'estate.

Solo a bordo dell'elicottero si rese veramente conto di essere l'unico che doveva far ritorno allo squallore del circo. Gli ultimi giorni, pur con l'incredibile fatica, gli erano sembrati più ricchi e migliori del ritorno al circo Malinka. Almeno gli restava l'allegro Jojò. Sulla pista di atterraggio c'era ad attenderlo Fantoccini con una notizia incredibile. Bondi, o meglio, Karl Bondek non era suo padre, lo aveva solo adottato. I suoi genitori, aveva dichiarato Bondi alla polizia, erano morti in un incidente d'auto.

«Tuo padre dovrà starsene per un po' di tempo in prigione, anche a causa di un altro paio di cosette che ora sono venute fuori.» Disse Fantoccini.

Tonio annuì, sollevato e abbattuto allo stesso tempo. Gli veniva risparmiata la furia di suo «padre», ma così non aveva più una famiglia, proprio nessuna.

«E tu?» chiese al mago. «Come mai non te ne sei ancora andato?»

«Ma perché ti aspettavo!»

«Me? Perché?»

«Di' un po', ma che per caso hai picchiato la testa, lassù in montagna? Io non me ne vado senza di te! Allora, vuoi venire con me? Potresti imparare molto.»

«Sì!» urlò Tonio. «Jojò, vieni anche tu!»

La vita era magia e avventura. Adesso cominciava la vita.

Mario Giordano, 1963 in München geboren, studierte Philosophie und Psychologie in Düsseldorf. Seit 1992 schreibt er Kinder- und Jugendgeschichten, vor allem Abenteuerliches, und Drehbücher fürs Kinderfernsehen. In seinen Geschichten («Die wilde Charlotte» und «Franz Ratte räumt auf») geht es immer um Freundschaft und Zusammenhalt. Mario Giordano ist leidenschaftlicher Flieger und reist für sein Leben gern, auf jede Art und Weise. Als Sizilianer liebt er besonders heiße, trockene Landschaften und Länder, in denen die Sonne regiert.

Bei rotfuchs veröffentlichte er außer Kurzgeschichten für Anthologien «Karakum – Abenteuer in der Salzwüste» (Band 721). Es ist die Erzählfassung zu Arend Agthes preisgekröntem Spielfilm «Karakum», der auf der Berlinale 94 den UNICEF-Filmpreis der Filmfestspiele bekam.

 *Heinz Spohr,* am 28.8.1929 in Berlin geboren, studierte acht Semester Malerei in Hamburg und begann dann Cartoons für den «Stern» und andere Zeitschriften zu zeichnen. Ab 1957 arbeitete er freiberuflich für renommierte Werbeagenturen. Von 1960 an illustrierte er Romane und Kurzgeschichten für Bücher und Zeitschriften («Constanze», «Stern» und andere), später die Titelseiten für «HÖRZU». Schwerpunkt seines Interesses waren immer Tierdarstellungen.

Romane und Erzählungen für Leser ab 8 Jahre.

Max von der Grün
Vorstadtkrokodile *Eine Geschichte vom Aufpassen*
(rotfuchs 171)
Nur wer eine gefährliche Mutprobe bestanden hat, darf Mitglied der «Krokodiler» werden. Wie kann sich der querschnittgelähmte Kurt bewähren?

Hans Joachim Schädlich
Der Sprachabschneider
(rotfuchs 685 / ab 10 Jahre)
Paul läßt sich auf ein abenteuerliches und bedenkliches Geschäft ein: Ein Mann will für eine Woche Pauls Hausaufgaben machen, und dafür soll Paul ihm ein wenig von seiner Sprache abgeben.

A. Agthe / M. Seck-Aghte
Flußfahrt mit Huhn *Abenteuergeschichte*
(rotfuchs 540)
Nach dieser Expedition legt Ganzo bestimmt kein Ei mehr ... Die spannende Forschungsreise kann auch als Video und im Kino miterlebt werden.

Achim Bröger
Oma und ich *Eine Kindergeschichte*
(rotfuchs 493)
Oma ist krank – und das verändert alles! Aber Jutta hat Dirk, einen guten Freund... Ausgezeichnet mit dem Deutschen Jugendliteraturpreis

Elke Kahlert
Einmal Wolkenkuckucksheim und zurück *Geschichten aus dem Traumexpress*
(rotfuchs 588)

Harald Grill
Gute Luft – auch wenn's stinkt *Geschichten vom Land Erzählung*
(rotfuchs 332)
Da kräht kein Hahn nach dir *Bernd zieht in die Stadt Erzählung*
(rotfuchs 548)

Christine Nöstlinger
Die verliebten Riesen
(rotfuchs 471)
Der Riese Satlasch ist auf der Fahrt zu seiner Riesenbraut Amanda, als ihm plötzlich das Benzin ausgeht ...

Mario Giordano
Karakum *Abenteuer in der Salzwüste*
(rotfuchs 721 / ab 10 Jahre)

Henky Hentschel
Jajas Klau
Ein Südseezauber
(rotfuchs 683 / ab 12 Jahre)

Sylvia Brandis
Español *Rätsel um einen andalusischen Hengst*
(rotfuchs 656 / ab 12 Jahre)

Gruseliges und Gespensti-
sches, Abenteuerliches und
Phantastisches für schaurig-
schöne Schmökerstunden.

Das beste Buch der Welt
Geschichten
(rotfuchs 580 (ab 11 Jahre)
In diesem Buch treten eine
neue Meisterdetektivin und
ein kluges Pferd auf, aben-
teuernde Kinder, ein ver-
schnupfter Geist und Inter-
natsschüler – Wunschge-
schichten von jungen Lesern.

Ursel Scheffler / Jutta Timm
Üxe, der Fischstäbchen-Troll
Kindergeschichte
(rotfuchs 553 / ab 10 Jahre)
Hallo, lieber Üxe! *Malte
schreibt dem Fischstäbchen-
Troll. Eine Freundschafts-
geschichte*
(rotfuchs 661 / ab 10 Jahre)
Wenn Malte an den Fisch-
stäbchen-Troll Briefe
schreibt, kann er Sorgen,
Einsamkeit und Liebes-
kummer loswerden. Malte
wünscht sich, Weihnachten
zu den Großeltern zu fahren
und Üxe dort wiederzu-
treffen.

Valentine Ermatinger
Die 13. Prophezeiung
Erzählung
(rotfuchs 537 / ab 11 Jahre)
Ein sonderbarer Fund an
einer Burgruine: Ein Buch aus
dem Mittelalter mit 13
Prophezeiungen, von denen
sich 12 bereits erfüllt haben...

E. Kahlert / A. Glienke
Vorsicht, Gespenster!
(rotfuchs 460 / ab 9 Jahre)

Irina Korschunow
Wenn ein Unugunu kommt
(rotfuchs 269 / ab 10 Jahre)

Jo Pestum
Die Hunde von Capurna
*Abenteuerstories aus fernen
Ländern*
(rotfuchs 636 / ab 12 Jahre)
Nervenkitzel, Thrill, starke
Pointen, kongenial illustriert
von Klaus Ensikat.

Michael Morpurgo
Als die Wale kamen *oder das
Geheimnis des Vogelmanns*
(rotfuchs 620 / ab 12 Jahre)
Gracie und Daniel freunden
sich mit dem geheimnisvollen
Vogelmann an. Hat er mit
dem Fluch, der auf der
Nachbarinsel lastet, zu tun?

Joachim Hartenstein
Die Flügel des Adlers
Weg in die Wildnis
(rotfuchs 672 / ab 10 Jahre)
Auf einer abenteuerlichen
Flucht vor Monsterbackes
Gang geraten Jork und Jana
in die Hände dreister Betrü-
ger. Ohne Red Cloud, den
geheimnisvollen Mann aus
Dakota, wären sie rettungs-
los verloren...

Hoffnungen, Solidarität, Selbstbewußtsein und Widerstand von Kindern, Jugendlichen und Erwachsenen in aller Welt, die anfangen, Unrecht nicht mehr Schicksal zu nennen.

Jorge Amado
Herren des Strandes
(rotfuchs 68 / ab 13 Jahre)

Erwin Bienewald
Reise in den Tropenwald *Die Xavante-Indianer in Brasilien*
(rotfuchs 654 / ab 13 Jahre)
Die Geschichte einer Reise ins geplünderte Paradies der Xavante Indianer. Erwin Bienewald hat mit ihnen zusammengelebt, erzählt von ihrer Erziehung, den Jagdtraditionen, Träumen, Spielen... Ein spannender Reisereport aus dem Mato Grosso mit Fotos, Karten, Daten und Adressen für Freunde des Tropenwaldes.

Rupert Neudeck
Verjagt und vernichtet *Kurden kämpfen um ihr Leben*
(rotfuchs 653 / ab 14 Jahre)
Zeitgeschichte mitreißend geschrieben von einem Journalisten, der immer auf der Seite der Schwachen kämpft.

Ursula Haucke
Mutz macht Mätzchen *Ein Knirps hat Einfälle*
(rotfuchs 657 / ab 6 Jahre)
Mutz hat pfundweise Phantasie und einen ziemlichen Dickschädel: Grund für allerlei verzwickte Situationen. Aber die Familie hat Humor und sogar die Schwestern Anna und Lena haben Mutz trotzdem zum Fressen gern.

Reinhardt Jung
Mord in der Sierra *Spurensuche in Peru*
(rotfuchs 646 / ab 13 Jahre)
Das peruanische Mädchen Jesúa wird vom Vater an den Erstbietenden verkauft, ausgebeutet und mißbraucht. Auch eine Flucht hilft ihr nicht weiter.

Frederik Hetmann
Wiedersehen mit Amerika *Kreuz und quer durch die USA. Ein Reisebericht*
(rotfuchs 592 / ab 14 Jahre)

Anatol Feid
Keine Angst, Maria *Eine wahre Geschichte aus Santiago de Chile*
(rotfuchs 452 / ab 11 Jahre)

Robert Thayenthal
Die Schuhe der Señores *Eine Geschichte aus Peru*
(rotfuchs 634 / ab 12 Jahre)
Der achtjährige Mateo lebt nach dem Tod seiner Mutter mit Vater und Geschwistern im Armenviertel von Lima. Dort herrschen Hunger, Gewalt und die Gesetze der Bandenchefs. Mateo schlägt sich als Schuhputzer durch, damit die Familie nicht verhungert.

Hexen und mutige Frauen, Ritter und Aufständische, Indianer und Piraten – Lebensbilder und aufregende Abenteuer aus vergangenen Zeiten.

Norgard Kohlhagen
Mehr als nur ein Schatten von Glück *Mathilde Franziska Anneke*
Ein Leben in abenteuerlicher Zeit
(rotfuchs 557 / ab 13 Jahre)
«Die Vernunft befiehlt uns, frei zu sein.» 1849 zieht Mathilde Franziska Anneke mit im badisch-pfälzischen Revolutionsheer. Als Soldatin, Journalistin, Frauenrechtlerin und Lehrerin kämpft sie ihr Leben lang für die bürgerlichen Grundrechte.

Willi Bredel
Die Vitalienbrüder *Ein Störtebeker-Roman*
(rotfuchs 24 / ab 11 Jahre)
«Ein freies und fröhliches Leben kennen nur Fürsten, Pfaffen und Piraten», hieß ein Sprichwort im 14. Jahrhundert. Die Vitalienbrüder, Freibeuter in der Nord- und Ostsee, machten den hanseatischen Pfeffersäcken jahrzehntelang die Geschäfte unsicher.

Ulrike Haß
Teufelstanz *Eine Geschichte aus der Zeit der Hexenverfolgung*
(rotfuchs 300 / ab 13 Jahre)
«Marie, meine Liebe, wir müssen jetzt Abschied nehmen.» Ursula Haider wird von den Knechten des Henkers abgeholt – eine Hexe soll sie sein ... Ursula hat wirklich gelebt: in Nördlingen am Ende des 16. Jahrhunderts.

Heidi Staschen
Verraten, verteufelt, verbrannt *Hexenleben*
(rotfuchs 577 / ab 12 Jahre)
Individuelle Lebensgeschichten von Frauen aus der Zeit der Hexenverfolgung

Martin Selber
Faustrecht *Timm Riedbures gefährliche Flucht*
(rotfuchs 93 / ab 9 Jahre)
Nicht einen Tag länger will Timm dem Rittersaß dienen. Nach vielen Abenteuern findet er in Magdeburg Zuflucht. Aber dort herrscht die Pest...

Frederik Hetmann
Der Rote Tag *Bericht über die Schlacht am Litte Bighorn River zwischen den Sioux und Cheyennes und der US-Kavallerie unter General Armstrong Custer.*
(rotfuchs 275 / ab 13 Jahre)

rororo rotfuchs